中世ヨーロッパの世界観がよくわかる

クリエイターのための

階級と事典

監修

祝田秀全

秀島 迅

日本文芸社

はるか昔の時代であるはずの中世。ただ、私たちにとっては比較的身近な時代といっていいかもしれません。特に中世ヨーロッパに至っては、これまで小説や映画など、数々のファンタジー作品の舞台になってきました。勇敢に戦う騎士がいたり、石造りの城がそびえていたり——おそらく、そんな情景が多くの人の脳裏に焼きついていることでしょう。

ただ、それらの描き方はある程度は正しいものの、ファンタジーの世界観になじむようにデフォルメされたものも少なくありません。たとえば、中世ヨーロッパをモチーフにしたファンタジー作品にはドラゴンがよく登場することがありますが、当然ながら実際には存在しない空想上の生物です。

とはいえ、中世ヨーロッパは現在とはまったく異なる社会構造や文化を持っていて、実際にドラゴンが出てきても不思議ではないくらい、私たちにとっては神秘的で未知なる時代です。

そこで本書では、当時のヨーロッパにはどのような社会階級が存在し、人々はどのような暮らしを送っていたのか。史実をもとに中世ヨーロッパのありのままの姿をできるだけ多角的に、そしてわかりやすく解説しています。

本書で知り得た中世ヨーロッパの知識を創作活動に活かし、より素晴らしい作品になることを願っています。

祝田秀全

中世ヨーロッパは、多種多様な人々が暮らしていた、とても魅力的な時代です。王族や領主、聖職者、騎士などの支配層から、一般市民や農民、さらに下層の人々までが都市や農村でそれぞれの生活を営んでいました。

　人々の多様性を知ることは、物語を創作するうえで大きな武器になります。さまざまな人が関わり合うことによってキャラクターの個性が発揮され、読み応えのあるストーリーが構築されていくでしょう。

　ただし、やみくもにストーリーを展開するだけでは読者の心は掴めません。中世ヨーロッパという時代の社会構造をはじめとする史実を理解し、リアリティのある世界観をつくることによって、はじめて読み手は物語世界に没頭することができます。

　本書のPART.5において、中世ヨーロッパを舞台にした物語をつくる際、どのようにそれらエレメントを取り入れていくかについて解説しています。ストーリーをつくる手順や登場人物の設定方法など、作品をさらに魅力的にするために意識したいポイントを私自身の経験をもとに書きました。

　本書が魅力的なファンタジー作品をつくりたいと願うみなさまの創作活動の手助けになれば幸いです。

秀島 迅

物語創作で役立つ「中世ヨーロッパ」の基礎知識

「中世」は、西洋史における時代区分の古代と近世の中間に位置し、およそ1000年間にもわたって続いた時代である。まずは時代の大まかな流れを知っておこう。

395 ローマ帝国が東西に分裂

476 西ローマ帝国が滅亡

前期（5〜10世紀）　異民族流入による混乱とキリスト教の浸透

<u>ゲルマン人の大移動</u>
ローマ帝国が崩壊する契機となったのが、ゲルマン人の大移動だった。

キリスト教の政治利用
異民族流入の混乱のなか、救いを求める人々の間でキリスト教が浸透し、支配層はそれを政治に利用した。

中期（11〜13世紀）　封建制度により社会が落ち着き繁栄した時代

封建制度の成立
土地を貸す側と借りる側で主従関係が結ばれる封建制度が、ヨーロッパ各地で成立した。

教皇の私が太陽だとしたら、
しょせん皇帝は月ですな

教皇権の強大化

十字軍を指揮した教皇の力が最盛期を迎える。

教皇

国王

農業改革

農法や農具の改良により、農作物の収穫量が格段に増える。

後期（14 〜 15世紀）　目まぐるしい情勢の変化により衰退

\逆転!/

国王の権力の強大化

教会の腐敗により国王の権力が強くなっていく。

国王

教皇

黒死病の流行

ペストのことで、細菌がリンパ節に入り体内に広がる感染症。当時の人口の約3分の1の人が亡くなったとされる。

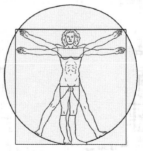

ルネサンス

今までのキリスト教中心の世界から、人間中心の世界に戻そうとする思想・芸術運動。

1453　百年戦争の終結 → **主権国家の時代へ**

ゲルマン人の大移動から生じた社会的混乱のなかで、人々は神の救いを求め、キリスト教が浸透した。また、土地を媒介とした封建制度が社会の基本的な体制に。穏やかな時代が続いたものの、さまざまな社会情勢の変化により、衰退した。

中世の世界観をつくるなら
押さえておきたい「封建制度」

中世の社会のあり方で軸となるのが封建制度。これは主君と家臣が土地の貸し借りを通じてお互いに義務を負う関係を結ぶことを意味する。中世の生活を理解するうえで欠かせない制度である。

臣従儀礼(オマージュ)の様子

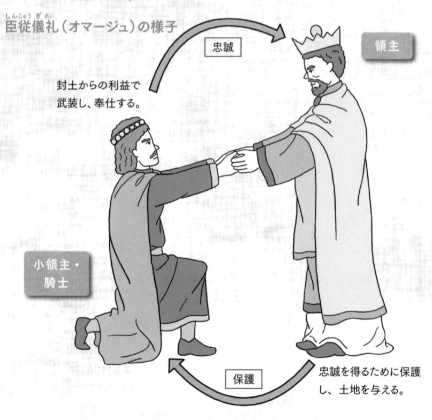

忠誠

領主

封土からの利益で
武装し、奉仕する。

小領主・
騎士

保護

忠誠を得るために保護
し、土地を与える。

臣従儀礼とは、封建的主従関係を結ぶときの儀式。この主従関係はあくまで契約主義に基づくもので、一方が契約に反すれば関係を解消することができた。また、家臣は複数の主君と主従関係を結ぶこともあった。

中世ヨーロッパの生活圏

小教区

教会が支配する区域のこと。徴税や徴兵の際に最小単位として使われた。

領土

領主が保有する土地。領主は基本的に、この土地のすべての権限を持つ。

森林中心の生活

都市や農村は森林を開墾してつくられる。森林は非常に深く、なかを通って移動することは困難だったため、近隣の集落との交流はなかった。

中世ヨーロッパの平地の大半は森林で覆われていて、開墾してつくった集落ごとに閉鎖的な生活を送っていた。森林は建築資材や燃料、果実や木の実などの食料を人々にもたらしていたため、争いのきっかけにもなった。また、ドイツの昔話をまとめた『グリム童話』では、深い森から恐ろしい魔女が出てくる話がいくつもあり、当時の人々にとって森林は神々しく、畏怖すべきものであった。

統治形態&権力構造を知れば
物語のクオリティが格段に上がる

中世の世界を描くうえで欠かせないのが、当時の社会構造を理解すること。多くの国家が乱立していた当時の統治形態と権力者同士の関係性を解説する。

主な国家の統治体制

帝国

皇帝

皇帝がトップに立つ体制で、複数の国家・民族を取りまとめる。皇帝の地位は世襲で受け継がれることも、選挙制のこともある。

王国

国王

国王が国家のトップに立つ体制。国王は基本的に世襲制。比較的平和で安定した国であるイメージを与える。

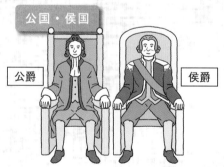

公国・侯国

公爵　侯爵

公爵や侯爵など、貴族が治める国家。皇帝や国王から領地と統治権を与えられて国家となる場合が多い。

共和国

議会

商業活動に携わる都市貴族が議会と政府を築く。領主の支配を受けない都市は、独自の法制度と裁判権を持つ。

中世ヨーロッパ権力相関図

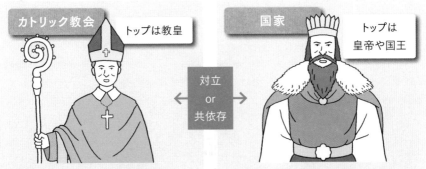

カトリック教会 トップは教皇

国家 トップは皇帝や国王

対立 or 共依存

神を後ろ盾にして強大な権力を誇る。宗教的権威だけでなく、政治面でも多大な影響力を持っていた。

トップには皇帝や国王がおり、ひとりの領主として一部の土地を支配していた。

修道院の許可

騎士道精神と修道院の融合

干渉できない

干渉できない

宗教騎士団 テンプル騎士団、ヨハネ騎士団、ドイツ騎士団など

都市同盟（ハンザ同盟）

十字軍運動の際に、聖地巡礼の守護を目的に結成された騎士の集団。当初は医療や慈善活動に従事する存在だったが、次第に圧倒的な軍事力を持つようになった。

国王や領主を排除し、それらに対抗するために、商業活動を基盤とする都市どうしが同盟をつくった。陸軍・海軍を持つ。

当時の国家は、皇帝や国王がいる体制や、彼らが地位の高い貴族に統治権を与え、治めさせている体制が主だった。また二大権力であるカトリック教会と国家は提携するが、ときには対立する関係にあることも多く、当時の社会に大きな影響を与えていた。

3つの要点で
中世ヨーロッパのしくみがよくわかる！

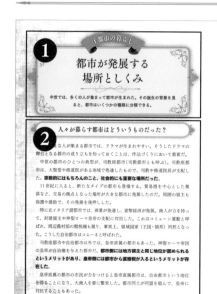

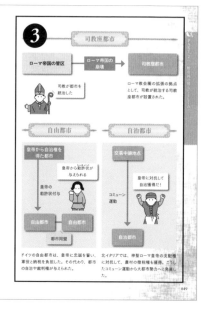

❶ この節の主題

❷ 主題に対する解説文

❸ 図解・イラストによる解説

章立ては全5部で構成

歴史パート

PART.1　PART.2
PART.3　PART.4

中世ヨーロッパに関する史実を図解・イラストを用いて解説します。

創作パート

PART.5

中世ヨーロッパを舞台とした創作物をつくるうえで、注意すべき点や書き方のポイントをプロの小説家が解説します。

監修　祝田秀全　　監修　秀島迅

中世ヨーロッパの世界観がよくわかる クリエイターのための階級と暮らし事典
CONTENTS

PART. 1

権力者たちの暮らしとしくみ

PART. 2

一般市民の暮らしとしくみ

PART. 3

中世ヨーロッパ社会のルールと概念

PART. 4

中世ヨーロッパの施設と住まい

PART. 5

中世ヨーロッパを舞台に物語を創作してみよう！

※本文中に現代では不適切な表現もありますが、時代背景などを考慮して原文のまま掲載しています。

BOOK STAFF

編集	細谷健次朗（株式会社G.B.）
編集協力	三ツ森陽和、吉川はるか
カバーイラスト	真崎なこ
本文イラスト	竹口睦郁、松嶋かこ
DTP・図版制作	川口智之（シンカ製作所）
装丁・本文デザイン	別府 拓、奥平菜月 (Q.design)
校正	玄冬書林

PART. 1

権力者たちの
暮らしとしくみ

中世ヨーロッパの権力者とは、封建制度で上位に立つ王や皇帝、領主、聖職者や騎士、大きな経済力を有する商人組織の人々だった。まずは、彼らの贅沢な暮らしぶりをのぞいてみよう。

王宮に住める人って どんな人たち？

権力の象徴ともいうべき中世ヨーロッパの王宮。どのような人々が暮らし、どのような権力構造になっていたのかを紐解いていく。

物語創作には欠かせない王宮の実情

　国王や王族というと強大な権力を握っているイメージがあるが、中世ヨーロッパでは必ずしもそうとは限らない。この時代、国王や王族は自らの身の保全のために諸侯や騎士といった臣下たちに土地を分け与えていた。**土地を一度でも分け与えると、そこは彼ら臣下の支配下に置かれるため、国王といえどもその権力が及ぶことはなかった。**国王や王族が権力を振るうことができたのは、王領と呼ばれる自分の領地においてのみ。それでも王領には自分たちの王宮があり、たくさんの人々が暮らしていた。王宮というひとつの共同体を維持していくには、多くの人手が必要だったのだ。

　王宮の住人たちは、国王や王族の世話係である侍従や侍女、食料を調達・調理する料理人、馬や馬具を管理する厩舎長などの使用人が大半を占めていた。また、彼ら使用人を管理・統制していたのは、家令と呼ばれる官吏であった。家令は騎士や聖職者の出身で、王族を支える立場にあった。

　一方で、さまざまな権力がひしめき合う中世ヨーロッパにおいて、王宮を維持していくためには軍備も欠かせなかった。そこで、城内には臣下もしくは金銭で雇われていた騎士や従卒を頂点として、多くの兵士が常駐していた。彼らは、城の警備にあたったり軍事訓練をしたりしていた。

　ただ、王宮の維持は国王や王族という存在があってこそ。彼らは一族の血脈を守ることが最大の関心事であったので、後継者問題に頭を抱えたり、政略結婚をしたりと、物語にありそうなドラマティックな展開が実際に起きていた。

王族の地位

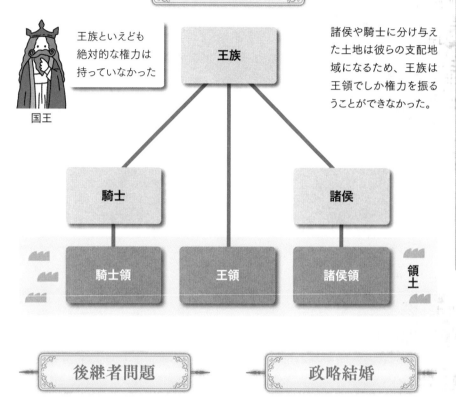

王族といえども
絶対的な権力は
持っていなかった

国王

諸侯や騎士に分け与え
た土地は彼らの支配地
域になるため、王族は
王領でしか権力を振る
うことができなかった。

王族

騎士

諸侯

騎士領

王領

諸侯領

領土

後継者問題

王妃 — 国王 — 側室

○
子ども
（王位継承権あり）

×
子ども
（王位継承権なし）

キリスト教会の影響が強い中世ヨーロッパで
は、国王が側室を持つことは基本的には許
されなかった。そのため、王位継承権は国
王と王妃の実子にしか認められなかった。

政略結婚

王族

婿入り
嫁入り

他国の
王族

王族の結婚は恋愛結婚ではなく政略結
婚が一般的だった。結婚相手は、当事
者の意思は尊重されることなく、強制
的に決められていた。

王宮の人々と暮らし

国王 王妃

王子 王女

王家
国王を中心とした親族。

家令

家令
使用人や土地の管理者。王宮内で高い地位を与えられていた。

奉仕

管理・統制

家政機関
王宮を支えたさまざまな使用人。

侍従・侍女
王族の身の回りの世話係。化粧や衣装の管理、買い物が主な仕事。

伝令
他国へ手紙を運ぶ仕事。危険が伴うため、武装していた。

料理人
食料を保管・調理する。ワイン蔵を管理する執事も別にいた。

鍛冶屋
大工とともに、王宮の補修や城に必要な道具をつくった。

厩舎長
王族が使用する馬や馬具の管理、場合によっては軍事問題を扱った。

聖職者
王宮の儀式を執り行うほか、公文書の作成なども行った。

王宮の軍備

訓練の様子

兵士たちは、武器や防具を身につけた実戦さながらの訓練を積んで、来たるべき戦いに備えた。

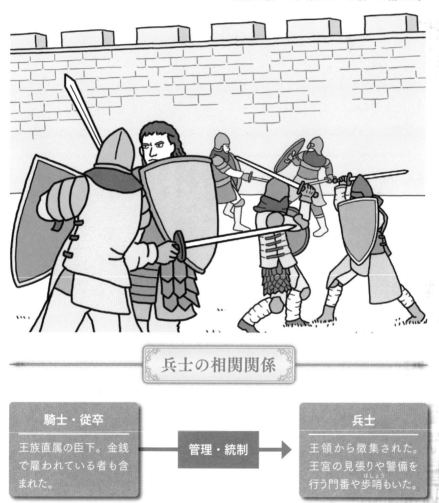

兵士の相関関係

騎士・従卒		兵士
王族直属の臣下。金銭で雇われている者も含まれた。	管理・統制 →	王領から徴集された。王宮の見張りや警備を行う門番や歩哨（ほしょう）もいた。

　権力者がひしめき合う中世ヨーロッパの軍事情勢は、基本的には不安定であった。隣国から戦争を仕掛けられる危険が常に伴うため、王宮には兵士たちが常駐し、日々軍事訓練に励んだ。一般的な兵士は王領から徴集され、騎士や従卒といった役職の者が管理・統制を行っていた。また、王宮によっては金銭で兵を雇うこともあった。

領主は支配地域の王様的な存在

領主は中世封建社会における権力者。血縁や武力による功績などから、
君主より社会的特権を付与され、領地に力を誇示する存在だった。

諸侯や大司教などは強い権力を持つ

　中世ヨーロッパでは、ひと握りの支配者が主従関係を結んだ多数の被支配者層の上に君臨していた。その支配階級である領主は、この時代が舞台の創作物ではときにラスボス的なポジションも担うような不可欠な存在だ。

　領主は主に、貴族階級の人々の仕事である。次ページの図のように**3つの位に分かれ、それぞれの階層によって財力や武力には格差があった**。高級貴族には、国王から広大な領地を与えられて多くの部下を持つ「諸侯」、聖教諸侯として領地を支配する「大司教」や国王に仕える廷臣が挙げられる。中級貴族は、高級貴族から封土を授かった者たちを指し、下級貴族には中級貴族に仕える小領主、騎士たちがいた。

　また、中世の貴族制度が形づくられるなか、爵位を付与することが一般的になっていった。爵位の序列は、力がある順に「大公」「公爵」「侯爵」「伯爵」「子爵」「男爵」などがある。

　なかでも大公は、小国の君主と同列に考えられるほどの絶大な権力者で、国王を除いた王族、または国王の分家の家長に付与される称号。ほかにも国境近辺に領地を持つ「辺境伯」は、辺境という最前線において外敵から国を守る使命があるため、強大な軍事力とともに王に次ぐほどの権限を有していた。もともと爵位は、一代のみという限定的な任期制だった。それが**王権の弱体化や、辺境伯のような広い領地と強い軍事力を持つ有力な領主の出現により世襲制に移行していったのである**。

貴族の階級

領主である貴族は大きく3つの階級に分けられた

諸侯

王から任命された官職者。多くの土地と部下を持ち、世襲によって受け継がれた。

聖職者

聖教諸侯。特にローマ教皇に次ぐ高位聖職者の大司教が力を持っていた。複数の司教区と教会を管轄する。

中級貴族

諸侯や聖職者から土地を与えられた領主層。

小領主

中級貴族に仕える身分の人々。

騎士

城を護衛する兵士たち。貴族出身ではないが、役割によって貴族に分類される。

高級貴族

中級貴族

下級貴族

貴族は大きく高級、中級、下級の3段階に分けられる。国王に極めて近い存在から、血筋ではなく役割によって分類される者まで、その支配力には大きな差があった。

朝からワインを飲む
優雅な暮らしの領主たち

土地の支配者である領主たちの暮らしは、市民に比べて豪華だったことは予想できるが、どんな生活や食事をしていたのだろう。

都市部から離れた土地に多かった領主の城

　領主は大勢の家臣たちに囲まれた生活を送っており、基本的に日常の業務や雑事は家臣たちが代行したため、領地内で問題の発生や敵襲でもない限り、余暇が多かった。さらに、**城は防衛上の観点から都市部からは遠く離れた地に建てられたので、彼らは娯楽に乏しい日々を送っていたのだ。**

　起床すると沐浴・洗髪を行い、身支度を済ませたら、朝の礼拝へ参加。朝食をとる場合はワインかシードルとパンといった軽めのもので、その後は家臣から周辺諸国との外交や軍事関係の問題、領地内の裁判などの報告を受け、指示や裁定を行った。客人が来ていた場合は宴席を設けて接待したり、鷹狩りなどの狩猟に繰り出したりした。狩りは戦闘訓練を兼ねるだけでなく、食材を調達できるメリットもあって人気の高いレクリエーションだった。

　そして昼食は、市民や農民には手の届かないような食材による豪勢な正餐。家族や家臣といった生活をともにするメンバーや、訪れた客人らとホールで2時間ほどかけて食事をする。もし旅の吟遊詩人が訪ねてくれば、彼らの弾き語りを食事中にも楽しんだ。昼食後は**領地での業務をこなすほか、余暇時間には客人との歓談、庭園の散策、読書、チェスやすごろくなどに興じた。**夕食は軽くとる程度で、夕食のあとは家族らとゆったり過ごすことが多かったという。このように領主といえども、パーティー三昧というような生活ではなかった。物語の世界観にリアリティを求めるなら、食事内容・マナーといった日常の細かい描写に配慮することがその第一歩となるだろう。

領主の食事メニュー

支配階級の人々の食事は、昼と夕方で2回とるのが通例だった（朝食や軽食をとる場合もある）。当時貴重だとされた食材をふんだんに使った豪華なもので、特に昼間の食事は2時間にも及ぶフルコースだったという。

豪華絢爛
メニュー！

正餐（昼の食事）

肉料理

- ローストビーフ
- シチュー
- スープ
- パテ
- パイ包み

牛・豚・羊
鶏やアヒルなどの家禽類
狩りの獲物　など

※味つけにはスパイスやハーブなどが使われた。

飲み物

- ワイン、シードル（りんご酒）
- エール（ビールの一種）※使用人のもの。

野菜類

- 豆類
- 季節の野菜
- ブドウ、ナシ、プラム、モモ
- ザクロ、イチジク（輸入品）

パン

- マンチット（最高級の白いパン）
- ケーキ（ハチミツやアーモンドを使用）

※パンは皿の代わりに肉料理の下に敷かれることもあり、食事後に使用人たちの食事にまわされたといわれている。

午餐（夕方の食事）

あっさりした
メニュー

- パン
- チーズ
- 軽めの料理

断食日

（※キリスト教における食の禁欲）

- タラ、ニシン、カレイ
- チョウザメ、クジラ（国王が食べる）

※断食日には当時貴重な食材だった魚を主菜にした。

食事のマナー

正餐の際には、領主の家族や家臣、客人たちがホールに集まり、みなで食卓を囲んだ。
当時の食事マナーは現代とは大きく異なっている。

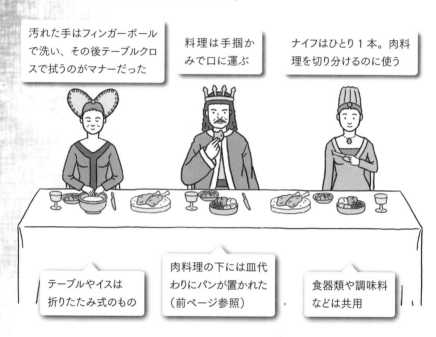

汚れた手はフィンガーボールで洗い、その後テーブルクロスで拭くのがマナーだった

料理は手掴かみで口に運ぶ

ナイフはひとり1本。肉料理を切り分けるのに使う

テーブルやイスは折りたたみ式のもの

肉料理の下には皿代わりにパンが置かれた（前ページ参照）

食器類や調味料などは共用

領主のスポーツ・遊び

領主たちの生活は余暇が多く、娯楽が必要不可欠だった。軍事訓練を兼ねるスポーツや、
すごろくやサイコロを使った賭博などが流行し、領主たちは熱狂した。

＜スポーツ＞	＜遊び＞
● クリケット（イギリス）	● 詩や歌づくり
● トーナメント	● チェス
● 狩猟	● すごろく
● 武芸試合	● サイコロ賭博　など

退屈な生活には
欠かせない

領主の1日のスケジュール

起床
- 沐浴、洗髪をして身支度を整える
- 朝の礼拝
- 軽めの朝食

裁判・話し合い
- 領地内の事件の裁判
- 高官との意見交換
  （周辺諸国との関係など）
※客人がいる場合には接待をして、狩猟に
　出かけることもあった。

正餐（昼の食事）
- 豪華なフルコース料理
- 吟遊詩人による弾き語りの鑑賞

余暇
- 読書
- 庭園の散歩
- 歌や詩づくり
※仕事をする場合もあった。

午餐（夕方の食事）
- あっさりとした食事

使用人が働いてくれ
るから余暇が多い

歓談・就寝
- 家族や客人との歓談
- 音楽鑑賞

領主たちの生活は余暇の多いものだっ
た。退屈な生活を紛らわせるためにさま
ざまな娯楽が誕生している。

妻が夫に代わって戦いに出ることもあった

一時期、異世界転生ジャンルで悪役令嬢ものがトレンドだったが、実際の奥方・姫君の暮らしは思ったよりも堅実だったようだ。

奥方はまさに内助の功を尽くした

　中世は政略結婚が当たり前の時代だったが、奥方には世継ぎを生むことだけが求められたわけではなかった。領主である夫を支え、手助けするという重要な役目があったのだ。日頃から侍従、侍女、乳母たちへの作業の割り振り・指示などをし、来訪者がいれば応対。城に招いた詩人らとともにサロンを開くなど、文化・芸術面での活動も行っていた。また、**奥方たちは領内の統治における状況を把握して、戦争などの理由で夫が不在のときに代行役を務めるのはもちろん、領主よりも政治面で才能を発揮するケースもあった**。しかも、城に敵襲があれば自ら武器を取り、夫の代わりに兵を率いることもあった。

　このように奥方は、夫のよきパートナーとして内助の功を尽くしていたが、財産権といったものは認められていなかった。結婚の際の持参金や、彼女たちが親から相続した土地などの財産の管理者は夫。ただし、夫の死後は彼が所有していた財産の3分の1を相続できた。

　一方、**姫君は幼少期より家事、裁縫、刺繍などを習い、詩や物語の創作、歌唱、礼儀作法といった教養も身につけることが求められた**。なかでも、教会の力が強い中世ヨーロッパで重要視されたのがラテン語。その知識を身につけ、読み書きできるように姫君たちは学ばねばならなかった。ある程度の年齢になれば、別の領主の城や修道院へ行儀見習いとして出向き、教育を受けるケースが一般的。なお、修道院へ送られた姫君の場合は、伴侶と巡り合わなかったら、そのまま一生涯を修道院で過ごすことになった。

奥方と姫君の生活

領主の妻である奥方は領主を支えるパートナーとして、ときに勇敢に戦うこともあった。その娘である姫君は、幼い頃からさまざまな教育を受けさせられていた。

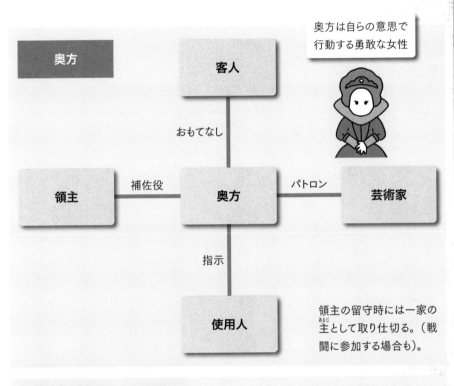

奥方は自らの意思で行動する勇敢な女性

奥方

客人

おもてなし

領主 ── 補佐役 ── **奥方** ── パトロン ── 芸術家

指示

使用人

領主の留守時には一家の主(あるじ)として取り仕切る。(戦闘に参加する場合も)。

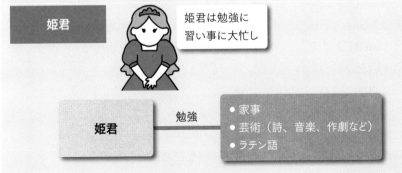

姫君

姫君は勉強に習い事に大忙し

姫君 ── 勉強 ──
- 家事
- 芸術(詩、音楽、作劇など)
- ラテン語

⑤騎士

騎士は貴族？ 平民？
仕事や役割とは

騎士のイメージが攻撃的な乱暴者から高貴な紳士に変わり、やがては
名誉称号となっていく。その理由と変遷を見ていこう。

騎士道を重んじ、戦闘の主役として活躍

　騎士のあるべき姿とされる騎士道が確立した中世では、騎士が「見知らぬ土地で姫のために、住民たちを苦境に追いやった巨大な敵を倒す」といった騎士道物語も誕生した。現代でもヒロイック・ファンタジーなどの小説や映画といった多くの作品のなかに、その原型を見ることができる。

　中世ヨーロッパでは、忠誠の代わりに庇護を受けるという主君と家臣の関係・レーエン制と呼ばれた封建的主従関係が成立。主君は家臣に封土や領地の税の徴収権を与え、家臣はそれと引き換えに主君と敵対せず、軍役や裁判への参加などの義務を負った。このような家臣たちは騎士と呼ばれた。当初、暴力的な無法者と見られた騎士だが、教会による「キリストの戦士」という崇高なイメージづくりで、やがて騎士道という理想形が定着。**イメージの向上から貴族や王族が騎士を自任したり、武功や財力を理由に商人・農民が騎士に任じられて小貴族になったりするケースもあり、高貴な印象も付与されていく。**

　この時代、騎士になるためには幼い頃からの見習い修行を経て、主君から騎士に叙任される必要があった。しかし、騎士の一部が貴族階級となった弊害で叙任式や宮廷生活などの費用が高騰し、騎士をあきらめざるを得ない場合も。しかも、国王が王権強化のために騎士身分を授与する権利を独占したため、騎士は名誉称号化して万人がなれるものではなくなった。そして**徐々にレーエン制が崩壊し、主従関係にある騎士より金銭で雇われた傭兵が増加。**14世紀になると組織的な戦闘集団をつくり、数多くの戦場で傭兵が主力となっていった。

騎士の仕事

中世初期、騎士は主君の護衛を任務とする騎馬兵だった。しかし十字軍運動などの影響で「崇高な戦士」だというイメージがついて人気が急上昇。王族や貴族も騎士を名乗るようになり、騎士≒貴族という構造が出来上がった。

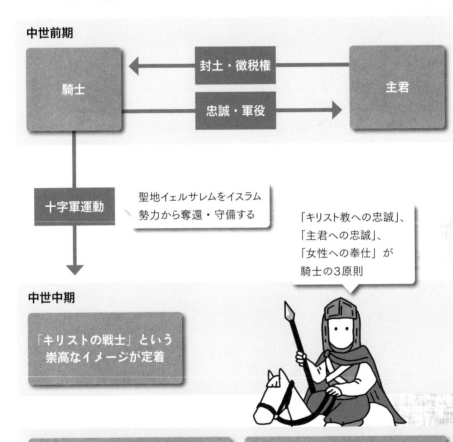

中世前期

騎士 ← 封土・徴税権 ← 主君

騎士 → 忠誠・軍役 → 主君

十字軍運動　聖地イェルサレムをイスラム勢力から奪還・守備する

「キリスト教への忠誠」、「主君への忠誠」、「女性への奉仕」が騎士の3原則

中世中期

「キリストの戦士」という崇高なイメージが定着

騎士≒貴族へ

騎士の人気が高まると、王族や貴族、財力のある商人や農民までもが騎士を名乗りはじめる。そこで一種の貴族的階級が形成された。

騎士道の発展

騎士の崇高なイメージから「騎士道」という精神的理想が誕生。アーサー王伝説や『ローランの歌』などの叙事詩で多く語られる。

騎士の人生

もともと騎士になるためには7歳の頃から親元を離れ、主君のもとで訓練を積む必要があった。長い下積みを経験したのち、叙任式においてようやく一人前だと認められるのだ。

7歳：ペイジ（小姓）

主君のもとで下働きがはじまると同時に、騎士に必要な基礎的な勉強をする。
〈勉強すること〉
● 剣術、馬上での槍術などの武芸修行
● 上品な話し方、振る舞いなどの宮廷作法

14歳：エスクワイア（従騎士）

主人である先輩騎士のもとで下働きをしながら武芸を磨き、「騎士見習い」として実際の戦闘にも参加するようになる。
〈勉強すること〉
● 主君の身の回りの世話（着替えの手伝い、馬の世話、食事の給仕など）
● 戦場での主君の武器や装具の持ち運び、交換など

20歳前後：騎士

叙任式において一人前の騎士として認められる。
実際の戦闘や団体騎馬試合（トーナメント）に参加し、腕を磨く。

叙任式で使われる剣は前日の夜から教会の祭壇で祀られた

叙任式の様子

主君が騎士になる人の首（またはうなじ）を剣で叩く。一人前の騎士であることが認められると同時に、社会的に大人になる通過儀礼としての役割もあった。

騎士の名誉称号化と衰退

裕福な人々が騎士を名乗りその高貴性が高まると、経済的理由で騎士になれない人が現れた。また同時期に国王は騎士身分の授与権を占有したため、騎士は誰もがなれる身分ではなくなったのだ。その後は新たな兵器や戦術の誕生によって、歩兵が重宝されるようになり、騎士の華々しい時代は幕を閉じた。

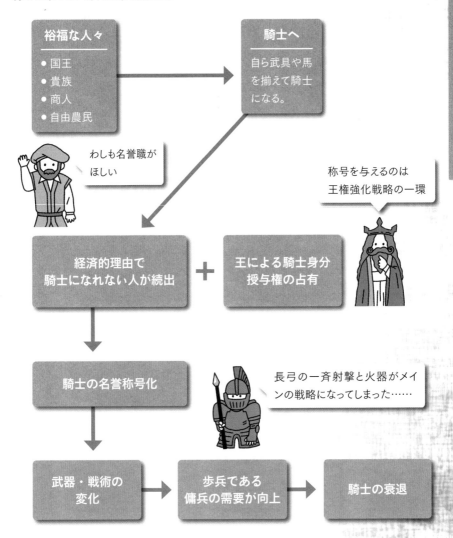

裕福な人々

- 国王
- 貴族
- 商人
- 自由農民

騎士へ

自ら武具や馬を揃えて騎士になる。

わしも名誉職がほしい

称号を与えるのは王権強化戦略の一環

経済的理由で騎士になれない人が続出 ＋ 王による騎士身分授与権の占有

騎士の名誉称号化

長弓の一斉射撃と火器がメインの戦略になってしまった……

武器・戦術の変化 → 歩兵である傭兵の需要が向上 → 騎士の衰退

⑥教皇

教皇は絶大な権力者!?
聖職者の位階制度

聖職者の頂点にいる教皇は宗教的な権威だけでなく、世俗的権力も手に入れ、皇帝権より教皇権が上位だと主張するまでになっていく。

初代教皇はキリストの使徒ペテロ

ローマ・カトリック教会には、ヒエラルキアと呼ばれる聖職者の位階制度があり、教皇はその最高位にあたる総帥だ。**中世において、宗教的にはもちろん、俗世の政治面でも絶大な力を持つ存在だった。**

もともと教皇は使徒の頭であるペテロを初代とし、ローマ教会における名誉職とされ、そこまでの権限はなかった。ところが、5世紀中頃、教皇のレオ1世が東ローマ皇帝から与えられた権限は神から賜ったものだと訴え、さらに6世紀末にはグレゴリウス1世が西ローマや西ヨーロッパで異教徒や異民族への布教を行い、東ローマ皇帝の圧力、影響を断ち切ろうとした。これにより教皇を中心としたローマ・カトリック教会の基盤が整う。11世紀後半からは、教会改革や聖職叙任権を巡る争いが勃発し、グレゴリウス7世により教会組織は教皇庁を中心に体系化。13世紀初頭、インノケンティウス3世が聖俗両面で絶大な教皇権を手中に収めた。

教皇の保有する直轄地（教皇領）では、顧問の枢機卿たちが補佐役を務め、教皇税制による膨大な収益があった。そのうえ、模範的な信者を死後、教皇の宣言で聖人の位置に上げる列聖や、修道院を開設する許可、破門や大罪を赦免するといった権限をも有した。こうした絶大な権力は、皇帝・国王との争いの火種も生んだ。さらには短期間で次々と教皇が交代したり、前任の教皇を殺害して地位についたりすることもあったとされ、スキャンダラスな逸話（教皇グレゴリウス7世とカノッサ城主マティルダの不倫風聞）もある。

カトリック教会のヒエラルキア

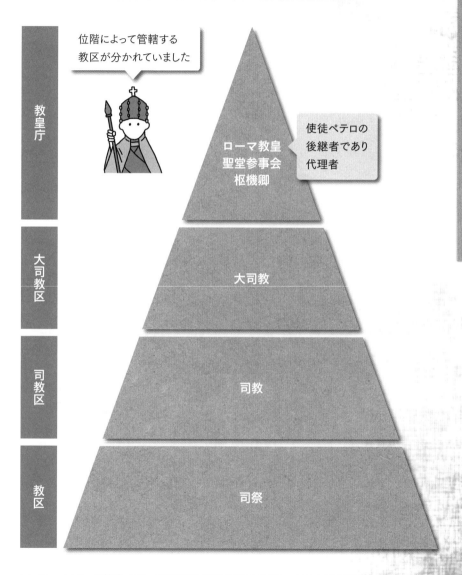

位階によって管轄する
教区が分かれていました

使徒ペテロの
後継者であり
代理者

教皇庁

ローマ教皇
聖堂参事会
枢機卿

大司教区

大司教

司教区

司教

教区

司祭

ローマ・カトリック教会では、聖職者の階級制度であるヒエラルキアが整備されていき、各地の教会もこのシステムに組み込まれていった。ローマ教皇は使徒ペテロの後継者であり、キリストの代理者でもあるため、このヒエラルキアのトップに君臨していた。

教皇の権力の独立化

ローマ教皇は本来、名誉的な役職に過ぎなかった。しかし時代が下るにつれて権力を独立させようとする機運が高まっていく。

本来は……

ローマ教皇＝使徒ペテロの後継者＝名誉職

↓

レオ1世（5世紀中頃）

神
↓ 付与
東ローマ皇帝

東ローマ皇帝の持つ権利は神から与えられたものである

ローマ教会の権威を高めた

↓

グレゴリウス1世（6世紀末）

ローマ・カトリック教会
↓　　　　　↓
東ローマ帝国　異教徒に対して
脱却を図る　　布教を行う

権力を独占するための2つの戦略で権力をさらに高める！

ローマ・カトリック教会の基盤をつくった

↓

ローマ・カトリック教会の権力が増大

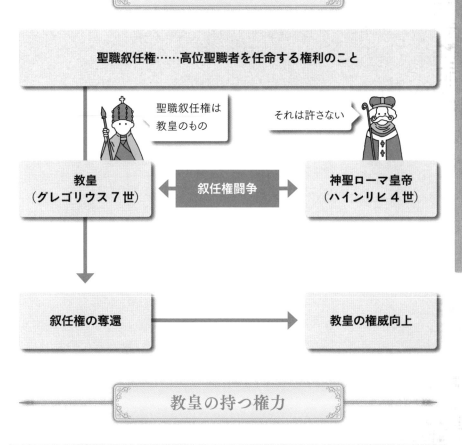

教皇の莫大な権力

聖職叙任権……高位聖職者を任命する権利のこと

聖職叙任権は
教皇のもの

それは許さない

教皇
（グレゴリウス7世）

叙任権闘争

神聖ローマ皇帝
（ハインリヒ4世）

叙任権の奪還

教皇の権威向上

教皇の持つ権力

- 独自の領土
- 独立した権力を持つ家臣団
- 修道院の開設許可
- 破門の権限
- 大罪の赦免の権限 など

十字軍以後、教皇権は衰退へ

教皇が聖職叙任権を獲得すると、教皇の力は強くなり、十字軍運動の時代には、絶頂期を迎えることになる。

貴族と変わらぬ
力を持つ司教とは何者？

宗教が強い力を持つ中世は、司教たちの権威が高まって聖界だけでなく俗界でも台頭。城砦のような教会に住んで騎士団まで所有した。

貴族的な一面も併せ持つ階層上位の聖職者

司教は高位の聖職者で、管理下の司教区において全権を持つ最高責任者だ。司教区内の教会にいる司祭たちを任命して指導する立場であった。さらに、教皇に次ぐナンバー2である大司教は、主要地方や広大な大司教区を管轄すると同時に、自身も司教としての役目を果たしていた。大司教・司教ともに大きな権限を有し、冠や杖、指輪といったものを身につけて地位の高さを誇示。**彼らは城砦や教会に居住し、世俗の貴族たちに匹敵する力を持っていたのだ。**

司教の選出は、司教たちが会員である司教座聖堂参事会によって行われ、選出後には教皇から任命を受けるのが一般的。ところが、司教という実利性の高い地位の任免権を世俗勢力の国王や諸侯が握り、聖職者以外の者が司教に任命されるケースも見られるようになった。

領主的な一面のある司教だが、第一義は聖職者。そちらの仕事としては、司教区内の教会・修道院の巡視、洗礼や告解、結婚、叙階といった秘跡（サクラメント）と呼ばれる信徒に施す儀式の指揮などがあった。また、**司教は教会裁判の裁判権を所有するため、司教区での裁判官を任命することが可能で、信徒としてふさわしくない者を破門する権限も持っていた。**

もうひとつ、司教には領地の行政面を担う役割もあった。領地全体を統治するため、協働司教をはじめとした補佐役らに加え、俗世の騎士たちを兵力として保有。十分の一税といった領民からの税収（家禽類）、聖職継承の手数料のほか、司教区からの収入や貴族から受ける寄進などの多くの利益を得ていた。

司教とは？

教皇	>	大司教	>	司教	>	司祭

主要都市ごとに
ある管区を統括

小教区内を治める
聖職者を統括

司教は自らが治める小教区内において、教会の司祭を任命する権限を持っている。その上にはより広域を支配する大司教、さらにその上には教皇がいた。

司教の2つの仕事

司教の多くは、聖職者に加えて領主としての権限も持ち合わせていた。その権力は非常に強く、貴族や世俗の領主とほとんど変わらなかった。

領主としての権限	聖職者としての権限
● 独自の兵力の保有	● 司祭の選出
● 司教区の支配	● 聖職者の教育
● 領土経営の補佐役	● 教会の聖別
● 司教座聖堂参事会からの収入	● 秘跡の授与（※宗教儀式）
（聖職者生計資産）	● 司教区内の巡察
● 市民からの徴税（十分の一税）	● 信徒の破門
	● 裁判官の任命

世俗の貴族と
変わらない権力を持つ

さまざまな儀式を行う

聖職者といえば修道院！
その生活は厳しい？

信仰の場として重要な修道院のトップを務める院長。なかには、財産
と土地を手にして世俗の欲望に負ける者も出てきてしまう。

修道院が腐敗・堕落の土壌となることも

　ヒエラルキアの高位に位置する修道院長は、組織を総括するリーダーだ。**修道院には院長をはじめ、副院長、院長代理、財務係、宝物庫係、聖歌係、懺悔聴聞師などのさまざまな役職の修道士たちが揃い、その下には一般の修道士がいた。**修道院の共同生活者には非聖職者も存在し、出家前の俗人である助修士は聖職者になる教育を受けながら、戒律を守りつつ労働に従事。自らの財産を寄付する代わりに住み込みで食料・介助を受ける献身者・贈与者や、職人、下男、農奴といった多様な人々も集まった。このほか、修道院の附属施設・施療院では、貧富を問わずにすべての人々を救済するというキリスト教精神に則り、社会的弱者を受け入れて手当てや世話を行っていた。

　修道士たちは院長を中心に信仰を深めることを目的とし、世俗から離れて禁欲的な共同生活を送る。厳しく時間を管理され、私語や娯楽は禁止。また、補佐役の助修士と修道士の間には、はっきりとした身分的な区分けが存在し、礼拝所や食堂、トイレは別々になっていた。修道院内で特に重要な場所とされた回廊への出入りは修道士のみと決められていた。

　基本的に聖職者はこうした清貧を主とする生活を送っていたものの、時代が経つにつれ腐敗して規律が乱れていく。修道院は広い土地と多くの人々が関わるため、寄進などもあって富が集中する場所。院長が封建領主的な権限を持ち、俗界の欲望に惑わされて腐敗・堕落することが何度か起こる。そのたびに、別の修道院から改革運動を推進する集団が登場したのだった。

修道院のヒエラルキア

修道院では俗世と縁を切った修道士たちが集団で生活していた。聖職者のほかにも、聖職者としての教育を受ける助修士や、財産を寄付したり祈りを捧げたりする献身者や贈与者、また農奴や職人も住んでいた。

修道院長	＞	役職に就く修道士 （副院長、財務係など）	＞	修道士

さまざまな修道院

教会や修道院の腐敗が繰り返されると、その改革運動のひとつとして新たな修道会が誕生する。それぞれの修道会が目的を持って活動していた。

観想修道会〈ベネディクト会〉

「祈り、働け」という言葉のもと、戒律的な生活を送る修道会。清貧、貞潔、服従の徳目を重視して、ヨーロッパにおける修道院の暮らしの基本となった。

活動修道会〈イエズス会〉

キリスト教の海外布教を行うことが目的。創設者のひとりでもある宣教師、フランシスコ・ザビエルは日本にも訪れ布教活動を行った。

騎士修道会〈聖ヨハネ騎士団〉

聖ヨハネ病院がもととなる騎士団。本来は巡礼中のキリスト教徒を保護することが任務だったが十字軍遠征の主力として活躍した。

托鉢修道会〈ドミニコ会〉

富を蓄えることを否定し、農村を歩き回って寄付のみで生活しようとした修道会。13世紀には異端の迫害や魔女狩りを積極的に行うようになった。

環境によって変わる
聖職者の食事内容

禁欲的な日常を求められた聖職者たち。しかし、それは建前上で実は
世俗にまみれた生活をしていることが少なくなかった。

戒律はあったが、贅沢している者もいた

　聖職者にとって「ミサ」はもっとも重要な典礼儀式であり、各教区で行う大事な職務とされる。ミサの起源は最後の晩餐にあり、その際キリストはパンは私の肉であり、ぶどう酒は私の血であると語った。それがもととなって、パンとぶどう酒を食して祈りを捧げる儀式ができた。その後、ミサでは聖書の朗読を行い、司祭による説教を聞くといった内容も盛り込まれていった。オカルト・ファンタジーやホラー系ストーリーでは、神ではなく悪魔に祈りを捧げる「黒ミサ」が登場することも。聖職者の闇落ち展開などで取り入れれば、盛り上がるシチュエーションとなるだろう。

　さて、聖職者の食生活を見ていこう。たとえば**修道士たちの食事の場合は規律が厳しく、パンや飲み物の量が決められ、魚はOKでも肉はNG、また断食期間もあった**。このような修道院の生活は、聖ベネディクトゥス戒律に沿い、祈りと奉仕をモットーにした禁欲的なもの。貧しい地方の司祭たちも同様の食生活を送り、そこに住む庶民と変わらない粗食に耐えていた。しかし、聖職者たちは時代とともに清貧さを失って堕落していく。

　特に領主のような立場の司教や、修道院の世俗的な院長は、まるで貴族のような豪華な食生活を送るケースも見られるようになる。さらに、禁止されているにもかかわらず、妻を持つ者までいたという。また、修道院ではワインやビールの醸造を行っていたケースも多く、修道士のなかには酒好きで酒造に夢中になる者が続出したそうだ。

修道院の食生活

修道院での食事は、「聖ベネディクトゥス戒律」に従った質素なものが理想とされた。季節や曜日ごとに、食事の回数や時間も決まっていた。

1食のメニュー

- 酒（ワイン、ハチミツ酒、ビールなど）
- パン
- おかず×2
- 野菜
- 果物

食事のルール

- 腹8分目まで
- 過度な飲酒禁止
- 食事中の私語禁止
- 獣肉は原則禁止
- 精進日は魚を食べる

食事の回数と時間

春季 （復活祭〜精霊降誕祭）		夏季				冬季 （四旬節〜復活祭）
		水・金曜		その他		
正餐	午餐	正餐	午餐	正餐	午餐	午餐

聖職者の食生活

聖職者の食事も、修道院と同様に質素なものが求められる。しかし実際には居住する環境に大きく左右され、貴族のような豪華な食事をする者も多かった。

都市部の聖職者	田舎の聖職者	一部の修道士
肉類を中心とした 豪華な食事	庶民と同様の 質素な食事	接待を受けて豪華な 食事をしていた者も

強大な権力を持った騎士×宗教者の武装集団

聖地イェルサレムの回復のために展開した十字軍運動。そこから誕生した騎士団は、騎士と宗教者のハイブリッドを生み出した。

巡礼者の保護活動が徐々に軍事色を帯びる

ファンタジーでおなじみの騎士団は、宗教的設定を取り入れないことが多い。ところが、実際の騎士団は総じてキリスト教と深い関係を持っていた。

中世における一大イベントである十字軍の主力だったのは、聖職者でありながら騎士という身分の「騎士修道士」だ。彼らの集まりが宗教騎士団である。**当初は聖地での巡礼者の保護・救助活動を目的に集められたが、徐々に周辺の警護などを担って軍事的要素を強め、戦闘集団化した。**

最初につくられた「聖ヨハネ騎士団」は、別名ホスピタル騎士団といわれ、聖地に医療機関として建てられた救護所を母体とし、巡礼者の救護などを行っていた。もとはベネディクト会という修道会の庇護を受けていたが、多額の寄付・寄進が集まったことで組織が成長。正式な教皇直属の修道会と認定され、次第に軍事活動が主軸になっていった。

「テンプル騎士団」は聖ヨハネ騎士団から一足遅れて、巡礼者たちと聖堂の安全を守る目的で発足。小規模で非力な騎士団だったが、本拠地をソロモン神殿跡地に移動後、勢いを増す。**教皇の直属となり、付与された免税権を利用して金融業を行い、大きな財産を築いた。だが、その富に関心を持った国王によって異端として断罪され、財産は没収、騎士団は解散させられてしまった。**

これら2つの騎士団と併せて三大騎士団と呼ばれる「ドイツ騎士団」は、ドイツの諸侯からの保護により発展し、教皇から認可。本拠地がドイツで、活動も主にドイツで行われた。聖地ではあまり活動しなかったことが特徴だ。

宗教騎士団の発足

最初の宗教騎士団は、イタリアを拠点とする聖ヨハネ騎士団だった。十字軍運動を背景に
巡礼者の保護を任務としていたが、寄進により次第に勢力を拡大していった。

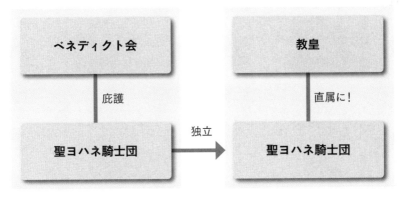

```
ベネディクト会          教皇

   │ 庇護              │ 直属に！
                 独立
聖ヨハネ騎士団  ──→   聖ヨハネ騎士団
```

1070年頃、巡礼者の宗教的救
済を目的に発足。ベネディクト会
による保護のもとで各地に病院
を設立した。

寄進により勢力を伸ばし、教皇
直属の修道会になる。武力によ
る巡礼者の保護を規則に入れた
ため集団武装化した。

その他の有名な宗教騎士団

ドイツ騎士団

- イェルサレムで創設
- 十字軍の兵士のための病院として
  はじまる
- 十字軍衰退後、拠点をドイツへと移す
- 13世紀には東方植民活動を行って
  領地を拡大
- 十字軍の兵士はプロイセン公国へ

テンプル騎士団

- イェルサレムで創設
- 聖地巡礼者を保護する目的ではじまる
- ソロモン神殿跡地へと拠点を移し、
  「テンプル騎士団」へと改名
- 金融業で莫大な利益を得る
- フランス王フィリップ4世に
  異端として処罰され、壊滅

莫大な経済力で大きな発言力を持った商人組織

独語で組織・団体を意味する「ハンザ」を冠したハンザ同盟は、商人の組合が起源となって発展し、国家と戦争まで起こしたのだった。

周辺諸国の中央集権化によって衰退していく

「ハンザ同盟」は、中世の商人たちが共通する利益の確保と、商売できる地域の拡大を目的に、広い範囲におよぶ商業都市が集まって結成された都市同盟だ。中世後期から近世初期にわたって存続し、最盛期には加盟都市数が100をも超えたという。バルト海に面した北ドイツのリューベックを盟主に、加盟都市はハンブルクやブレーメン、ケルン、ダンツィヒ、リガなど。イギリス、ロシア、ノルウェーといった遠隔地には外地商館が建設され、北海・バルト海での交易に携わる北ヨーロッパの数多の都市が同盟に参加した。

北海・バルト海の交易は、南ヨーロッパ・地中海での交易のように香辛料やじゅうたん、宝石といったエキゾチックな高級品を扱うのではなく、穀物や塩、材木などの単価が安い商品が主流だった。そのため、大量に運搬して取引することで利益を確保せねばならず、商人たちは一致団結する必要があった。

ハンザ同盟が力をつけるに従い、バルト海沿岸諸国と衝突が起きはじめる。1368年、貿易で繁栄したデンマークとの間に戦争が勃発。**同盟としては常時軍隊を所持していなかったが、有力な各都市間で海軍を組織のうえ、共同戦線を張って戦った。**結果、勝利を収めて全盛期を迎えた。

ところが、15世紀以降はドイツ領内での都市への圧迫が増加し、イギリス商人やオランダ商人が台頭。16世紀過ぎには周辺諸国で主権国家が形成され、商人主導の経済的利益が目的となる都市同盟は衰退していく。そして17世紀の三十年戦争により都市が荒廃し、ハンザ同盟は消滅してしまった。

初期の商人たちのしくみ

初期の商人たちは商品を自らの手で輸送していた。目的地で得た代金でさらに商品を購入し、各地で販売しながら出発地点へと帰ったのだ。道中盗賊に襲われる危険もあることから、交易ルート上の領主と安全確保の契約を結ぶ場合もあったという。

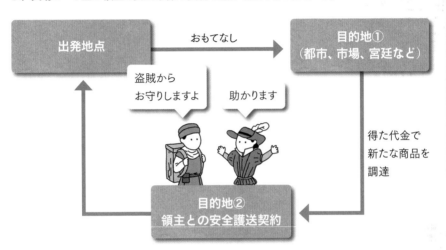

ハンザ同盟のしくみ

通信技術や金融システムの発達により、商人たちは大都市に定住しながら商売を行えるようになった。各地に支店を設置し、よりスムーズに商品を配達できるシステムになったのだ。彼らは王族や貴族の干渉を拒み、自由な商売を行って莫大な富を獲得した。

定住商人になりました

有力なギルド

- フィレンツェ（イタリア）
　→毛織物
- フランス
　→雑貨商

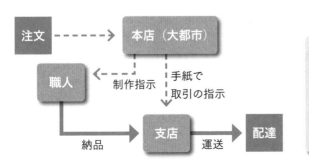

身分違いの恋の行方 騎士と王家の結婚は 許されたのか

政略結婚が当たり前の世の中で 秘密の恋愛に憧れを持つ人も多かった

　中世ヨーロッパの上流社会において、結婚は家同士の結びつきを強めるためのものでした。そのため、身分違いの相手との結婚はもってのほか。あくまで利害関係の一致する家と結ぶものでした。

　とはいえ、身分違いの恋愛はありました。よく見られたのが、騎士とその主君の奥方との恋です。

　騎士と奥方の恋愛は「宮廷風恋愛」と呼ばれ、多くの物語の題材にもなりました。この恋愛では性愛や結婚はマナーとして認められず、あくまで秘密にすることが大前提。また、騎士は奥方に忠誠を誓い、献身の姿勢をとることが騎士道の面でもよしとされました。さらに騎士の主君、つまり貴婦人の夫もふたりの関係を認めている場合があり、むしろ優秀な騎士なら妻を使って手元に置いておこうとする主君もいたようです。

　また、騎士と奥方が実際に結婚したという例もないわけではありません。それは、従騎士オーウェン・テューダーとイングランド王族であり未亡人のキャサリンです。身分不相応なふたりは長きにわたって事実婚の関係にありましたが、キャサリンが没したあとに婚姻関係が正式に認められたそうです。

PART. 2

一般市民の
暮らしとしくみ

当時の生活拠点は、大きく都市部と農村に分けることができる。人々は暮らしている場所によって、仕事や暮らしぶりがまったく異なっていた。本章では、市井（しせい）の人々のありのままの生活に迫る。

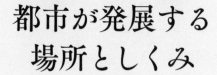

都市が発展する
場所としくみ

中世では、多くの人が集まって都市が生まれた。その誕生の背景を見ると、都市はいくつかの種類に分類できる。

人々が暮らす都市はどういうものだった？

　さまざまな人が集まる都市では、ドラマが生まれやすい。そうしたドラマの舞台となる都市の成り立ちを知っておくことは、作品づくりにおいて重要だ。

　中世の都市のひとつの典型が、司教座都市（司教都市とも呼ぶ）。司教座都市は、大聖堂や修道院がある地域で発達したもので、司教や修道院長が支配した。**宗教的にはもちろんのこと、社会的にも重要な場所だった。**

　11世紀に入ると、新たなタイプの都市も登場する。貿易港を中心とした集落など、交易の拠点となった場所が大きな都市に発展したのだ。周囲の領主も保護や援助で、その発展を後押しした。

　特に北イタリア諸都市では、商業が発達し、貨幣経済が発展。商人が力を持って、封建領主や神聖ローマ皇帝の支配に対抗した。これはコミューン運動と呼ばれ、周辺農村部の徴税権も握り、事実上、領域国家（王国・領邦）同然となった。こうした自治都市はコムーネと呼ばれた。

　司教座都市や自治都市以外では、皇帝直属の都市もあった。神聖ローマ帝国の皇帝が自治権を与えた都市だ。**都市側には地方領主と同じ地位が認められるというメリットがあり、皇帝側には都市から直接税が入るというメリットが存在した。**

　皇帝直属の都市の市民が力をつけると皇帝直属都市は、自由都市という地位を得ることになり、大商人を要に繁栄した。都市同士が同盟を組んで、皇帝に対抗することもあった。

司教座都市

ローマ帝国の管区 → ローマ帝国の崩壊 → 司教座都市

司教が都市を統治した

ローマ教会圏の拡張の拠点として、司教が統治する司教座都市が設置された。

自由都市

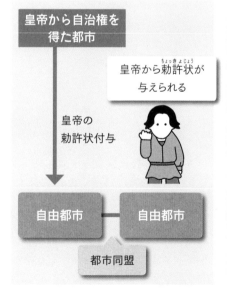

皇帝から自治権を得た都市

皇帝から勅許状が与えられる

皇帝の勅許状付与

自由都市　自由都市

都市同盟

ドイツの自由都市は、皇帝に忠誠を誓い、軍役と納税を負担した。その代わり、都市の自治や裁判権が与えられた。

自治都市

交易中継地点

皇帝に対抗して自治獲得だ！

コミューン運動

自治都市

北イタリアでは、神聖ローマ皇帝の支配権に対抗して、農村の徴税権も獲得。こうしたコミューン運動から大都市勢力へと発展した。

都市に住む人々の階級

都市にはさまざまな階級の人々が住んでいた。少数の権力者が都市を支配しており、人口の大半は参政権を持っていなかった。

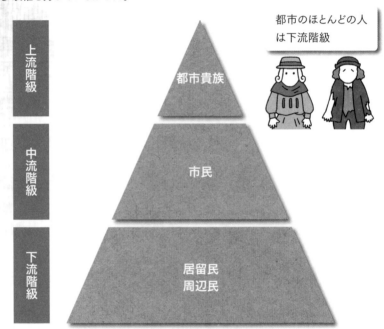

都市のほとんどの人は下流階級

上流階級 — 都市貴族

中流階級 — 市民

下流階級 — 居留民 周辺民

都市貴族

- 貴族化した大商人層が支配権を握った
- 都市参議会の役職を独占する支配層

市民

- ブルジョワジー（富裕層の知識人、商工ギルドの親方など）
- 参政権を持つ
- 一定期間の納税、土地の保有が条件
- 兵役、裁判への参加義務

居留民

- 市民の条件を満たさない、人口の大半の人々
- 小規模な仕事を持つ職人、下級役人、刑吏、奉公人など
- 参政権がない

周辺民

- 社会的に差別、排斥された地位の人々
- 娼婦、乞食、放浪者、逃亡者など
- 参政権がない

都市の主権の推移

中世前半になるとこれまで領主が支配していた土地の市民が、政治参加を求めて運動を起こすようになる。その結果、市民が裁判権や警察権などを持つ自治都市が増えていった。

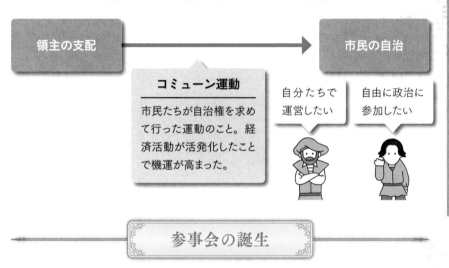

領主の支配 → **市民の自治**

コミューン運動

市民たちが自治権を求めて行った運動のこと。経済活動が活発化したことで機運が高まった。

自分たちで運営したい

自由に政治に参加したい

参事会の誕生

自治都市では市長やギルド、有力市民から選出された参審人が、ある程度の自治権を行使することができた。ただしこの構図は都市ごとに異なっていた。

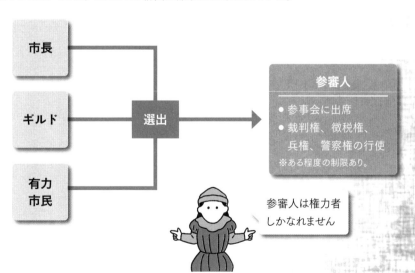

市長

ギルド → 選出 →

有力市民

参審人
- 参事会に出席
- 裁判権、微税権、兵権、警察権の行使
※ある程度の制限あり。

参審人は権力者しかなれません

肉屋、パン屋、居酒屋など
都市で働く商売人

いつの世も、人は食べないと生きていけない。中世に生きる都市の
人々はどのような食事をしていたのか、のぞいてみよう。

食に関するさまざまな商売人たち

　自給自足の食生活が基本だった農村と違い、中世の都市の住民は現代と同じように商売人から食材や料理を購入していた。

　食に関する都市の商売人の代表的な存在としては、肉屋がある。**肉は大量に消費される食材で、人々にとって重要なものだったため、その肉を扱う肉屋は強い力を持っていた。**

　主食であるパンを扱う商売としては、パン屋とパン焼き職人がいた。パン屋は現代のものと同じようにパンを売り、パン焼き職人は客が持ち込んだパン種を焼いてパンにして料金を取っていた。

　野菜、魚、塩、牛乳、油、ワインなど多様な食料品を扱う店も存在した。常設の店舗もあれば、都市の外部から商品を運んでくる行商人もいた。

　料理をつくって提供する料理人も存在し、居酒屋や屋台で活躍した。なかには、裕福な人々に雇われる料理人もいた。富裕層は大規模な宴会を好んだため、彼らはその宴会でも活躍する。

　宴会では内臓料理やプディング、ソーセージの前菜にはじまり、牛、鹿、豚、鶏、ガチョウ、鶴などの肉料理、ウナギ、ニシンなどの魚料理、ポタージュスープ、アンズ、サクランボ、モモ、ナシなどの果物、ウエハースなどの菓子といった豪華な食事が出されていたようだ。

　一方、貧困層は簡素なスープやパンだけで食事を済ませていて、富裕層とは大きな格差があった。

中世の食料調達

中世ヨーロッパは、自給自足ではなく貨幣や物々交換で食料を調達するのが主流だった。そのためさまざまな食材を扱う商人が生まれる。参事会は、品質と価格を適正に保つために指示を出す役割を担っていた。

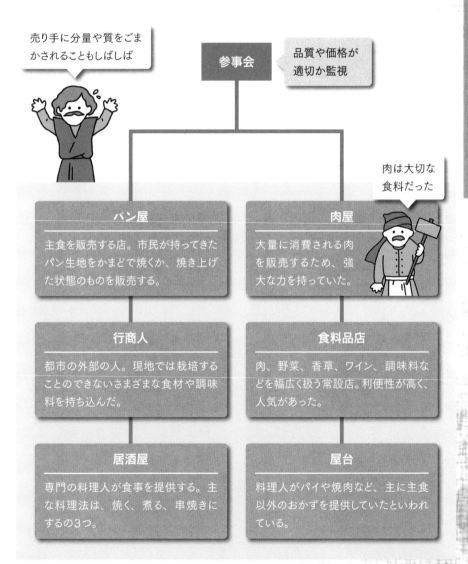

売り手に分量や質をごまかされることもしばしば

参事会

品質や価格が適切か監視

肉は大切な食料だった

パン屋
主食を販売する店。市民が持ってきたパン生地をかまどで焼くか、焼き上げた状態のものを販売する。

肉屋
大量に消費される肉を販売するため、強大な力を持っていた。

行商人
都市の外部の人。現地では栽培することのできないさまざまな食材や調味料を持ち込んだ。

食料品店
肉、野菜、香草、ワイン、調味料などを幅広く扱う常設店。利便性が高く、人気があった。

居酒屋
専門の料理人が食事を提供する。主な料理法は、焼く、煮る、串焼きにするの3つ。

屋台
料理人がパイや焼肉など、主に主食以外のおかずを提供していたといわれている。

富裕層の食卓

宴会の様子

富裕層の食事は大人数で、宴会のようになることが多かった。財力を活かして、毎日豪勢な料理が振る舞われていた。

1食のメニュー

前菜

ソーセージ
プディング
内臓料理

スープ

牛、鹿、鶏、ウサギなどの
肉入りポタージュ
魚入りポタージュ
肉なしポタージュ

メイン料理

肉類
魚類
パイ

デザート

果物（モモ、アンズ、
サクランボなど）
菓子（ウエハース）

品数の多い
豪華なメニュー

前菜からはじまりスープやメイン料理、さらには菓子も用意されていた。

貧困層の食卓

施療院の様子

貧困層の食事は富裕層や一般市民のものとは大きくかけ離れていた。

ほらよ

ありがとうございます

| 貧困層の民 | ➡ | 施療院の施し |

食料を購入する
お金がない

貧困層は自ら食料を買うことができなかったため、修道院や富裕層が経営する施療院からわずかな施しをもらっていた。

1食のメニュー

| 簡素なパン | ＋ | スープ |

到底足りません

施療院からの施しはパンとスープ。生き延びるためのギリギリの食事で、到底満足できるようなものではなかった。

中世の入浴事情は朝風呂がスタンダード

「ろくに体も洗わなかった時代だったのでは？」と思われがちな中世だが、実は体を清潔に保つための風呂が生活に根づいていた。

風呂屋は社交場で娯楽まで楽しめた

歴史に詳しい人たちから「不潔だった」というイメージを持たれがちな中世ヨーロッパだが、中世の都市に暮らす人々は、誰もが入浴を楽しんでいた。

都市における一般的な風呂は、家の風呂ではなく、専門の風呂屋に行って入るものだった。多くの人が集まる社交場としても機能していて、数も多かった。

現代の我々は風呂と聞くと1日の疲れを癒やすものと考えることが多いが、**当時は体を清潔にして身支度を整えるのが主な目的だったので、1日のスタートである早朝の時点で入浴するのが普通だった。**

早朝、風呂屋は客を呼び込むために、大きな声を上げていたという。風呂屋の大声は中世の都市にはつきものだったのだ。ただし、夜明け前の呼び込みは禁じられていた。これは追い剥ぎまで呼び込んでしまうのを防ぐためだった。

風呂屋は都市だけでなく農村にも存在していた。このことからも、中世において風呂が広く普及していたことがわかる。農村の風呂屋は水を確保する利便性や防火のため、川べりに造られていた。パン焼き窯から出る熱気を利用した蒸し風呂もあり、こういった場合はパン屋が風呂屋を兼業していた。

一方、都市部の風呂屋は農村の風呂屋よりも大きく、複数の浴室が準備されていて、客は温浴、蒸し風呂、垢すり、洗髪、散髪などのサービスを利用できた。また、飲食、飲酒、ギャンブルなども楽しめた。

しかしその結果、売春や犯罪の温床にもなり、中世後期には風呂屋は売春窟化する。疫病の流行もあって風呂屋文化は衰退したのだった。

風呂屋の役割

風呂屋は市街地にひとつはある極めて身近な施設だった。身分に左右されず誰もが利用でき、さまざまな役割を担っていた。

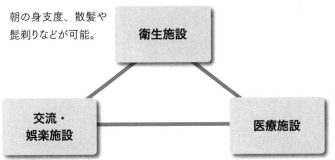

朝の身支度、散髪や
髭剃りなどが可能。

衛生施設

**交流・
娯楽施設**

医療施設

身分に関係なく楽しめる。
飲酒や賭博も行われていた。

知識を身につけた風呂屋の主人
が瀉血や外科手術などを行う。

家に風呂がある人は
ほとんどいませんでした

一般市民
- 多い人で毎日入浴
- 早朝に利用するのが一般的

下層市民
- 少なくとも4週に1度の頻度
- お金がない人は財産家の
  寄付によって入浴可能

地域ごとの風呂屋の形態

都市部と農村部にある風呂屋では、その規模や設備がかなり異なっていた。大人数を収容できる都市部の風呂屋は、サービスは充実しているものの治安があまりよくなく、次第に廃れていくことになった。

都市部
- 市街地にある
- 複数の浴室を持つ
  （温浴、蒸し風呂など）
- マッサージや垢すりなどのサービス
- 犯罪や売春が横行していた

農村部
- 水が確保しやすく、防火にもなる
  川べりにある
- 温浴、蒸し風呂のどちらか
- パン屋に併設していて、釜の熱で
  発生させた蒸気で汗をかくシステムも

④衛生観念

トイレは庭で！
華やかではない都市の実態

当時は菌や病原体の知識がないため、衛生観念は未発達。特に都市の
トイレやゴミは深刻な問題を引き起こしていた。

疫病の原因にもなったトイレ事情

　P.56〜57で紹介した通り、「中世は不潔」というイメージに反して風呂文化
が浸透していた中世だが、現代に比べれば衛生観念がはるかに遅れていたのも
事実だった。

　入浴を、軟弱な行為と考える農民や贅沢な行為と考える修道士もいた。こう
した人々は風呂に入らず、所有している服も少ないため、ノミやシラミが大量
に湧いていた。

　また、当時のトイレは現代の感覚ではありえないものだった。**多くの人々は
おまる型便器を使用していて、排泄したものは人通りの少ない明け方に道路に
そのまま投げ捨てていた。**

　一部の修道院には水洗トイレもあったが、建物にトイレが備えられている場
合でも出窓状のトイレのほうが多かった。これは建物の張り出した部分につく
られたもので、溜まった排泄物は放し飼いの豚に食べさせていた。城にも出窓
式トイレがあったが、庭で放出して済ますことも多かった。

　糞尿だけでなく、ゴミも道に撒き散らされていた。このせいで都市の道は汚
れ、上水道まで汚染されて、疫病が流行する原因にもなっていた。

　農村の住民も都市の住民と同じく衛生面の知識はなかったが、トイレとゴミ
の事情に関しては農村のほうがマシだったようだ。トイレは家畜小屋などで済
ませて、排泄物は肥料にしていた。同じくゴミも、集積したものを燃やして灰
にしたうえで肥料にしていた。農村ではリサイクルが行われていたのだ。

都市部の衛生管理

多くの人が暮らす都市部の衛生管理はかなりひどいものだった。道路には排泄物やゴミが散乱し、疫病の流行にもつながっていた。

トイレ事情		ゴミ事情
〈城〉 出窓式トイレ、庭	〈都市〉 出窓式トイレ、おまる ※おまるの内容物は、明け方に道路へ投げ捨てる。	基本的には道路に遺棄

おざなりな処理により、道路や水道の汚染、疫病の流行が社会問題化！

専門の清掃員が掃除、または放し飼いの豚のエサに……

たまに暴れて
街は大混乱に

農村部の衛生管理

農村部では、排泄物やゴミを集めて、家畜のエサや農作物の肥料として有効活用することが多かった。

トイレ事情	ゴミ事情
家畜小屋、野外に捨てる	燃やして灰にする

肥料として再利用

貴重な資源は
ムダにしない

大人は賭博、
子どもは虫遊びに夢中

都市で暮らす人々にとって娯楽は重要な存在だった。中世においても
現代と同じように、大人も子どもも娯楽を楽しんでいたのだ。

人々にとって最大の娯楽は祭りだった

　いつの時代も人々は娯楽を求めるものだ。生活を彩る娯楽をしっかりと描写することで、作品も深みを増すことだろう。

　P.56〜57でも触れたが、都市部の風呂屋は社交場もあり、飲酒や賭博を楽しむ場。娼婦もいたため、大人の娯楽の場としても欠かせないものだった。

　居酒屋では、飲酒や食事はもちろんのこと、賭博でも遊べた。ただし、イカサマも横行していたため、大金を失う人も珍しくなかったようだ。

　風呂屋や居酒屋での楽しみは日常生活での娯楽だが、非日常の大きな娯楽は祝祭だった。祝祭のときには、教会に設けられた舞台で典礼劇（キリスト教の教義をわかりやすく民衆に教えるための劇）が披露された。こうした劇は専門の役者ではなく、民衆によって演じられる。吟遊詩人や軽業師、動物使いによる出し物も人気を集めた。

　祝祭以外の非日常的なイベントとしては、王侯貴族のパレードや罪人の処刑も、多くの見物人を集めた。これらも一種の娯楽といえるだろう。

　先述の風呂屋と居酒屋は大人のための娯楽施設を兼ねていたが、子どもも娯楽を楽しんでいた。**虫を捕まえて紐に結んで飛ばして遊んだほか、ボール遊びや鬼ごっこ、ブランコ、縄跳び、竹馬、弓や吹き矢なども好んだ。**

　体を使った娯楽は大人も楽しみ、かけっこ、石投げ、ボウリング、格闘技などで競い合った。これらは賭けの対象になることもあり、大人たちをより熱狂させた。

大人の娯楽

大人が楽しんだ娯楽は社交場での交流が主だった。特に賭博に熱中する人は多かったようだ。ほかにも祭りやパレードなど、定期的に開かれるイベントも大きな楽しみだった。

社交場

居酒屋	風呂屋
● 飲酒	● 入浴
● 賭博（さいころ賭博）など	● 瀉血（当時の医療行為）
	● 娼婦 など

社交場は日常生活の大事な交流の場だったんだ

特別なイベント

● 典礼劇
● パレード
● 吟遊詩人の公演
● 罪人の処刑 など

生きる楽しみがいろいろあった

子どもの娯楽

子どもの遊びは、体を使うものが多かった。また大人も一緒に遊んだり、賭け事に利用されたりすることもあった。

日常的な遊び

● ボール遊び	● 虫捕り
● 格闘技	● 的当て
● ボウリング	● 楽器

捕まえた虫を紐でくくって遊ぶ

子ども

大人は遊びに賭けを盛り込む

大人

⑥市場

スーパーのない時代、市場は市民に大人気！

中世の物流の中心となったのが、都市で定期的に開催されていた市場だった。外部の商人たちもたくさん訪れて、大いに賑わったのだ。

領主は経済のため商人たちの便宜を図った

都市が発展する背景のひとつに経済があった。交易の拠点となった地域が都市として大きくなったのだ。

スーパーマーケットやデパートなどが存在しない中世において、商品流通の中心となったのが市場である。市場は決まった場所で定期的に開かれた。毎日開かれる市、毎週開かれる週市、年に数回開かれる年市があり、開催場所としては広場や空き地などが使われた。

市場では都市在住の商人だけでなく、外部からの商人も店を開いた。商品だけでなく金銭も動くので、両替商や金貸しも市場にやってきた。さらには、旅芸人が芸を披露することもあった。市場は商業の場というだけでなく、お祭りのような側面も持っていたのだ。

市場のなかでも特に規模が大きいものは大市と呼ばれ、経済を発展させたい領主によって保護された。**領主の力で街道は安全のため警備され、通行税は減税され、専門の宿が用意されるなど、外部からやってくる商人の便宜が図られた。**また、監視官が監視することで商取引は公正化し、支払いのための手形や公証人による記録も導入された。

大市で有名だったものとしては、フランスのシャンパーニュで開かれていた「シャンパーニュの大市」がある。この大市はフランス王とシャンパーニュ伯に保護されたもので、遠隔地の貿易商、近隣の商店主、行商人、大道芸人、娼婦、物乞いなどが集まって大いに賑わった。

市場のしくみ

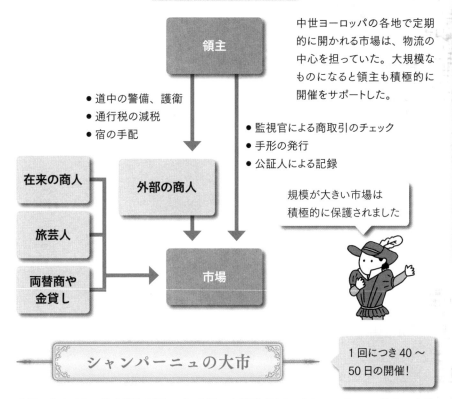

中世ヨーロッパの各地で定期的に開かれる市場は、物流の中心を担っていた。大規模なものになると領主も積極的に開催をサポートした。

領主

- 道中の警備、護衛
- 通行税の減税
- 宿の手配

- 監視官による商取引のチェック
- 手形の発行
- 公証人による記録

在来の商人

旅芸人

両替商や金貸し

外部の商人

市場

規模が大きい市場は積極的に保護されました

シャンパーニュの大市

1 回につき 40 ～ 50 日の開催！

市場のなかでも、地中海と北海・バルト海の中継地点となったシャンパーニュ地方の大市はもっとも発展した。40 ～ 50 日程度の定期市が年に 6 回、つまりほとんど一年中どこかの都市で開催されていたことになる。

1月	3月	5月	7月	9月	11月
ラニー	バール・シュル・オーブ	プロヴァン北部	トロア夏の市	プロヴァン南部	トロア冬の市

職人たちの世界にあった ヒエラルキー

ものづくりに従事する職人は、都市に欠かせない存在だった。彼らは同業者組合を結成することで都市内での発言力を高めた。

職人たちは組合をつくって力を獲得した

都市の生活において、さまざまなものをつくって生計を立てる職人は、なくてはならない存在である。

職人は身分を保証された自由民で、専門技術の持ち主だった。主な職人としては、大工、石工、鍛冶屋、織物工、粉屋、パン屋、なめし工、靴屋、ろうそく職人などがいた。

12 ～ 13 世紀の新興都市において、職人たちは目覚ましい活躍を見せた。**経済的に急発展する新興都市では、住民たちは自給自足の生活をすることは難しく、職人たちの力が必要だったのだ。**

仕事を求めて都市に流入した職人たちは同区画で商売をするようになり、やがて同業者組合を組むようになった。同業者組合は「ギルド」または「ツンフト」と呼ばれた。**ギルドは、商人や職人たちが互いに協力して生活を守り、作業を安定化させることを目的としていた。**

ギルドは関連業種がまとまって結成するものや、ある業種ギルドから分化されることがあった。前者の例は大工や左官などの建設業職人が集まった建築ギルドで、後者の例は馬具職人ギルドから生まれた皮革加工ギルドだ。

ギルドは扱う商品によって地位が異なる。高額な商品を扱うギルドの職人や商人、そしてパン屋、肉屋、魚屋といった一部の食品業者の地位は高く、低額な商品を扱うギルドの職人・商人の地位は低かった。なかでも、貴金属の細工師の地位は非常に高かった。

中世ヨーロッパの職人

中世ヨーロッパの職人は特異な立場の人々だった。当時の身分は「戦う者、祈る者、働く者」の3つに分けられていたが、そのどこにも属さなかったのである。彼らは自分の得意分野に従事して生計を立てていた。

職人は自由な
身分だった

● 専門分野の作業で生計を立てる ◀- - - 領主のもとでの作業、
● 食料生産には携わらない 　　　　　　農村の分業制から生まれた

職人の種類

職人は都市部にも農村部にも存在し、それぞれの生活に根差した作業を行っていた。

都市部の職人

城での日常生活に必要なものを製造

石造りの建物を担当　　**生活に欠かせない光源**

石工

城や大規模な寺院の建設に従事する。当時の建築物によくある、細やかな装飾も施した。

ろうそく職人

獣脂や蜜蝋からろうそくを製造する。教会の儀式では、後者からつくられたものが好まれた。

農村部の職人

農民ができない作業を担う

木造の建物を担当　　**機織り機で衣服を制作**

大工

農民が使う家屋や施設を建てる。

織物工

農民が調達できない分の布地を制作。

〈その他の職人〉

● 鍛冶屋　　　　● 靴屋
● パン屋　　　　● なめし工　など

ギルドの発生

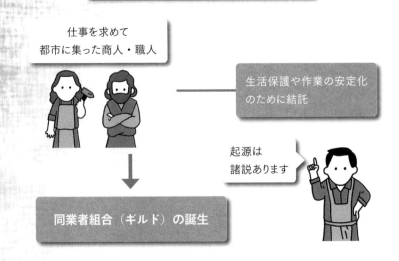

仕事を求めて
都市に集った商人・職人

生活保護や作業の安定化
のために結託

起源は
諸説あります

同業者組合（ギルド）の誕生

ギルドの象徴

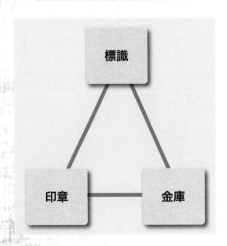

標識

印章　　金庫

ギルドごとに標識、印章、金庫の3つを
共有していた。

ギルドの仕事

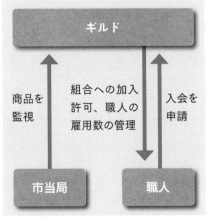

ギルド

商品を
監視

組合への加入
許可、職人の
雇用数の管理

入会を
申請

市当局　　　　職人

ギルドは組合への加入手続きや職人の雇用
数の管理、監視を行う。それに対して市当
局は、商品の品質や価格を監視していた。

ギルドの種類

ギルドには、君主に承認されたものと都市の支配下にあるものの2種類があった。ギルド内での分業はあまりなく、多業種で構成されているものもあった。

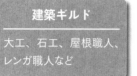

建築ギルド

大工、石工、屋根職人、レンガ職人など

画家・看板職人ギルド

画家、彫刻家、看板描き、ガラス職人など

関連した業種が集まることが多い

比較的ゆるやかなつながりだった

ギルドの地位

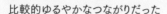

高価

地位が高い

日用品 ←→ 嗜好品

地位が低い

安価

ギルドの地位は基本的に、製造している商品によって決まった。高額で嗜好品に使われるものをつくるギルドは地位が高く、安価な日用品をつくるギルドの地位は低かった。

ギルドの権限と義務

権限

- 親方の任命
- 武具は親方が自弁
- 価格、品質、販売数の決定　など

義務

- 兵士としての活動
- 都市ごとに定められた活動　など

ギルドは商品に関するさまざまな決定権を持っており、職人みなに不利益がないように調整する。また兵士としての活動や、都市ごとに任せられた活動を行う義務があった。

戦うのは騎士だけじゃない！都市を守る衛兵たち

中世の戦士といえば騎士が有名だが、市民たちが自治を行う新興都市では、市民から徴兵された民兵が都市を守るために戦った。

騎士にも負けない武力を持った衛兵たち

中世において戦闘する職業といえば、多くの人が騎士を思い浮かべることだろう。だが、領主から自立した新興の自治都市では、都市の防衛や治安の維持を市民たち自身で行わなければならなかった。

行政区・街区ごとに編成された市民兵が、衛兵として都市を守るために戦ったのだ。衛兵は行政区・街区、そして商人・職人の組合であるギルドから徴兵された。ギルドは武装権を持っていたので、有事のときには職人が武装して兵士として戦っていたのである。

衛兵たちは、門や城壁の警護、夜警などを担当した。また、都市を勢力下に置く領主などから約40日の軍役を課せられることもあった。

徴兵された彼らは、もともとはただの市民である。したがって兵たちに対する指揮は、その都市に住む騎士や傭兵が行うことが多かった。

戦闘のプロではない衛兵たちだったが、よく訓練された民兵軍は侮れない存在だった。特に石弓で武装したギルドの兵は、騎士軍を負かすほどの実力を持っていたという。

自治都市の治安を守る職業としては、警吏（けいり）も存在した。**彼らは市議会に雇われた役人で、その仕事は犯罪者の逮捕、事件の仲裁、夜警の監督、刑場の護衛などだった**。

給料は安く、副業を持つ警吏がほとんどだった。市民に賄賂を要求する者もいたので、市民からは嫌われていた。

民兵のしくみ

自治都市では、治安維持や戦闘は市民で行う必要がある。そのため徴兵制で民兵を集め、持ち回りで仕事をさせていた。なかには戦闘能力に優れた民兵軍もいて、騎士に勝利するほどの実力を持つ地域もあった。

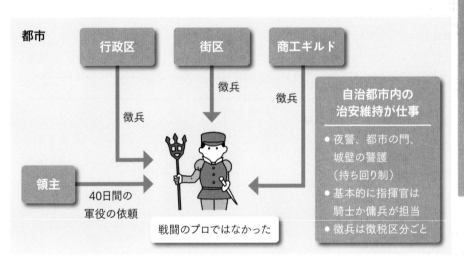

都市

行政区 — 徴兵

街区 — 徴兵

商工ギルド — 徴兵

領主 — 40日間の軍役の依頼

戦闘のプロではなかった

自治都市内の治安維持が仕事

- 夜警、都市の門、城壁の警護（持ち回り制）
- 基本的に指揮官は騎士か傭兵が担当
- 徴兵は徴税区分ごと

警吏のしくみ

警吏は主に犯罪者の逮捕や事件の仲裁を行う。市議会に雇われた役人のなかで、体格がいい者から選ばれた。賃金がよくなかったため賄賂や不正に走る者も多く、市民からの評価は極めて低かった。

市議会 — 任命 → 警吏

市民からは嫌われた

犯罪者の対処が仕事

- 犯罪者の逮捕、連行
- 夜警の監督
- 制服を着て武装
- 市議会から雇われた役人のなかから選出
- 賃金が低く副業をする人が多い

⑨刑吏

法の裁きを与えていた
街の嫌われ者「刑吏」

犯罪者を勾留して取り調べを行い、刑を執行する職業の刑吏。重要な
役割を担っているが、市民たちからは差別されていた。

被害者に代わって犯罪者に刑罰を与える存在

　中世の都市において犯罪者に対する刑の執行を担ったのが刑吏である。もともとヨーロッパでは、被害者やその親族が、自ら犯罪者を捕まえて刑を執行しなければならなかった。

　だが、都市部においては武装や私闘が禁じられていたので、一般市民である被害者や親族が犯罪者に対抗することは難しかった。

　そこで生まれたのが、刑吏という仕事である。**刑吏は役人から依頼されると、犯罪者を勾留して取り調べを行い、判決が下されると刑を執行した。**のちには、取り調べだけでなく拷問までも担当するようになった（拷問や処刑にかかる費用は被告が負担した）。

　刑吏は、「賤民」の仕事とされたが、彼らは副業を持っていた。例えば、家畜の死骸処理、汚物の清掃、娼館の管理、安酒場の運営などがそうだ。人体についての知識が豊富だったので、医師として働く者もいた。

　刑を執行して都市の秩序を守るという重要な役割を果たす刑吏だったが、市民からは差別される存在だった。**犯罪者とはいえ市民を処刑する存在であることから蔑視され、家畜の死骸処理や汚物の清掃といった副業も偏見を招いたのだ。**

　また、刑吏は市民と会話することを許されず、教会も彼らのことを認めず、通常の墓に埋めることも許さなかった（死んだ刑吏は、墓地の外れや自殺者用の墓地に埋葬された）。市民と刑吏の結婚も認められていなかった。こうしたことから、刑吏たちは強く団結して技術を磨いてプライドを保ったという。

刑吏の仕事

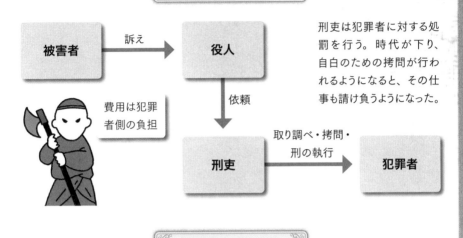

刑吏は犯罪者に対する処罰を行う。時代が下り、自白のための拷問が行われるようになると、その仕事も請け負うようになった。

被害者 —訴え→ 役人

費用は犯罪者側の負担

役人 —依頼→ 刑吏

刑吏 —取り調べ・拷問・刑の執行→ 犯罪者

刑吏の生活

刑吏は経済的には裕福であったものの、「賤民」として厳しい差別にあう。しかし彼らの副業はどれも都市の運営に欠かせないものであり、社会に大きく貢献していた。

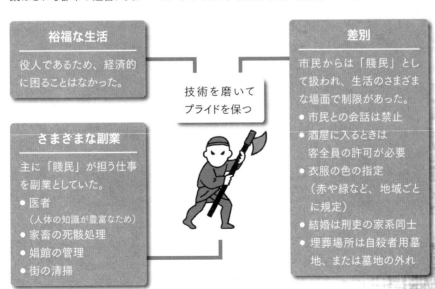

裕福な生活

役人であるため、経済的に困ることはなかった。

技術を磨いてプライドを保つ

さまざまな副業

主に「賤民」が担う仕事を副業としていた。
- 医者
  （人体の知識が豊富なため）
- 家畜の死骸処理
- 娼館の管理
- 街の清掃

差別

市民からは「賤民」として扱われ、生活のさまざまな場面で制限があった。
- 市民との会話は禁止
- 酒屋に入るときは客全員の許可が必要
- 衣服の色の指定（赤や緑など、地域ごとに規定）
- 結婚は刑吏の家系同士
- 埋葬場所は自殺者用墓地、または墓地の外れ

貧しさを武器にした
ビジネスも登場

貴族、聖職者、商人、職人といった職業に当てはまらない人々も中世の都市で暮らしていた。どういった職業の人々がいたのだろうか。

社会の枠組みからはみ出す人々

　ここまでの項目で紹介した職業以外の人々も都市で暮らしていた。そうした人々の大半は社会的身分が低かった。だが、そうした人々の姿を生き生きと描くことで、作品世界は豊かなものになることだろう。

　最古の職業といわれている娼婦も中世の都市に住んでいた。**彼女たちは大抵、戦争で男性が減ったことなどから、自分自身の力で生きていかざるを得なくなったものの、職人や芸人になれるスキルを持っていないために自分の体で稼ぐという手段に出たのだ。**

　放浪の民である「ジプシー」（現在はロマ、ロマニーと呼ばれる）も、都市の住民だった。各地を移動して暮らす彼らは、ヨーロッパでは12世紀頃から知られるようになった。独自の価値観を持つジプシーは、民衆からはなかなか受け入れられなかった。

　貧困層の民は、ある意味、富裕層にとって必要な存在だった。**「金持ちが天国に入るのは非常に難しい」というキリスト教の考え方があるため、富裕層は自分の財産を使って積極的に乞食や貧民を支援したのだ。**このしくみを利用して、自ら望んで乞食になる“プロの乞食”も現れたという。

　そのほかには、吟遊詩人、楽士、道化師、旅芸人などがいた。吟遊詩人は各地の宮廷などで抒情的な歌を歌った。楽士は楽器を演奏して、その伴奏を行った。道化師は人を笑わせる職業で、身体的なハンディキャップを持つ人も少なくなかった。旅芸人は、その名の通り諸国を放浪した芸人である。

乞食・貧民のしくみ

当時の支配層の人々は、キリスト教の精神規範に則って乞食や貧民を救済し、自らが死後天国へ行けるように利用した。乞食・貧民は不可欠な存在だった。

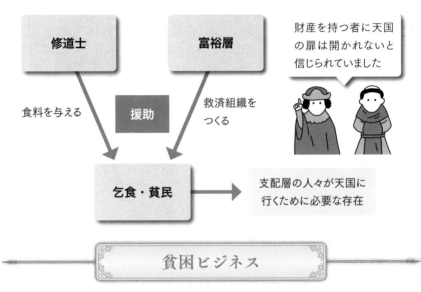

修道士

富裕層

財産を持つ者に天国の扉は開かれないと信じられていました

食料を与える

援助

救済組織をつくる

乞食・貧民

支配層の人々が天国に行くために必要な存在

貧困ビジネス

貧困層の民への支援体制を利用する悪人も存在する。彼らは見ず知らずの都市で貧困層のなかに紛れ込み、さまざまな手口で寄付を受け取っていた。本当の貧民とビジネス貧民を見分けることは困難だったという。

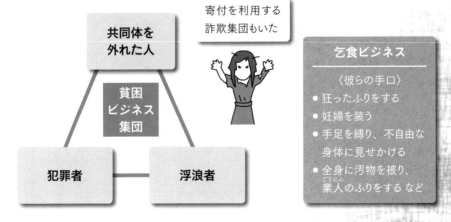

共同体を外れた人

寄付を利用する詐欺集団もいた

貧困ビジネス集団

犯罪者

浮浪者

乞食ビジネス

〈彼らの手口〉
- 狂ったふりをする
- 妊婦を装う
- 手足を縛り、不自由な身体に見せかける
- 全身に汚物を被り、業人のふりをする など

娼婦の社会的立場

娼婦はキリスト教的価値観においては不適切な存在だとされるが、必要悪として社会に欠かせないものだった。

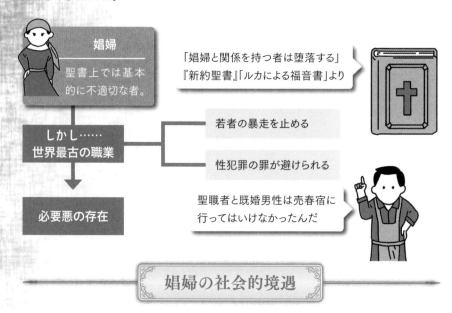

娼婦

聖書上では基本的に不適切な者。

「娼婦と関係を持つ者は堕落する」
『新約聖書』「ルカによる福音書」より

しかし……
世界最古の職業

若者の暴走を止める

性犯罪の罪が避けられる

聖職者と既婚男性は売春宿に行ってはいけなかったんだ

必要悪の存在

娼婦の社会的境遇

戦争によって男性が減り、女性は自分の力で生きていくことが求められたものの、手に職を持たない者たちは娼婦として自分の体で稼ぐしかなかった。

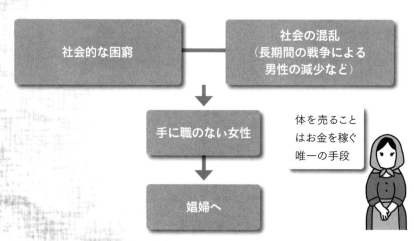

社会的な困窮

社会の混乱
（長期間の戦争による
男性の減少など）

手に職のない女性

体を売ることはお金を稼ぐ唯一の手段

娼婦へ

娼館のしくみ

娼館には大きく分けて公営と私営がある。公営の娼婦は待遇面もよく、ギルドをつくって商売をしていた。一方、私営の娼婦は都市に留まり商売をする人と、各地を旅しながら生活を送る人がいた。どちらも非公認の存在のため、公営の娼館に見つかると厳しい処罰を受けた。

公営の娼婦

公営娼館		女主人		公営娼婦
司教や富裕層の出資で運営される娼館。多くの娼館が集まり、大規模な娼家街を形成している都市もあった。	雇用	娼館をつくった富裕層や司教などに雇用された女性。働く娼婦を管理する役割がある。	管理	都市での性犯罪を防ぐため、公的に認められた存在。個人の権利が保証されている。

1つの娼館に15人ほどが在籍していた

高貴な人間の接客も行った

待遇

- 仕事は強要されない
- 引退や退職は自由

※未婚であること、娼館のある都市以外の出身であることが条件。

私営の娼婦

公営の娼館にバレたら終わり

私営娼館	旅する娼婦
公営娼館以外で商売をしている娼館。生活のために、公営娼館より安価でサービスを提供していた。	傭兵団などとともに行動し、移動しながら生活した。

浴場の湯女、零細企業の女職人、貧しい職人の妻の仕事

ジプシー

「ジプシー」は中世ヨーロッパの民衆から見ると不可解な存在として差別されていた。また犯罪者や共同体から追放された者も紛れ込むことが多かったため、社会的なイメージは非常に悪かった。　　※ジプシーは差別語とされ、現在は「ロマ」「ロマニー」と公称される。

ジプシー

各地を旅しながら生活する民族。低地エジプト出身を自称した。

ヨーロッパの民衆とは
対照的な価値観でした

生活スタイル

- 放浪の旅を続ける
- 旅の経験と人との絆を大切にする
- 持ち物はごくわずか（必要最低限の家畜、馬車、食器など）
- 民衆との争いを避けてカラスやネズミを食べる

職業

- 動物使い
- ダンサー
- 楽士
- 馬の仲買人　など

出自による差別
生活スタイルによる差別

受け入れる

市民　　　　　　ジプシー　　　　犯罪者・浮浪者

受け入れられないことを認め、
衝突をできるだけ避ける

一行に混ざって
ともに旅をする

その他の人々

宮廷の人々を楽しませる芸術家や芸人も都市に住んでいた。

吟遊詩人

有力者に雇用され、詩歌をつくる人。高貴な出自を持つ人も多かった。支配層を批判することも可能だった。

楽士

吟遊詩人がつくった詩歌を実際に演奏する人。法的な立場は守られておらず、旅芸人として生きる人も多かった。

旅芸人

さまざまな国を放浪して芸を披露する人。軽業師やダンサー、動物使いなど。定住しないことから人々に差別された。

道化師

滑稽な言動で人々を笑わせる人。ハンディキャップを持つ人、そのふりをする人がいる。支配層の批判も許された。

吟遊詩人と楽士の様子

完成した詩歌は、城や領主の館で披露される。退屈な生活の慰めとして、なくてはならない存在だった。

土地の有無で力に差が出る農民の階層

農村で暮らしていた者たちの多くは、農民である。だが、その農民には土地を持つ者と持たない者がいて、大きな格差が存在していた。

土地を所有するのは自由農民だけ

ここまでは都市部の生活について解説してきたが、農村も中世の世界や社会を描くうえで欠かせない要素である。

農村で暮らしていた人の大半は農民だ（農民以外の住民に関しては、P.84〜91で解説する）。ひと口に農民といっても、土地を所有する自由農民、土地を所有しない小作人、農奴に階層が分かれていた。

土地を持つ農民は、農奴、奴隷、労働者などを自分の農地で働かせた。**農奴は他者の土地で耕作する農民で、奴隷ほど虐げられてはいないが、土地を離れることは許されない存在だった**。労働者は賃金で働く人々のことで、土地を相続できない農家の長男以外の子どもが多かった。

自由農民の出自はさまざまで、昔から土地を所有する富豪の子孫、開墾によって土地所有を認められた元農奴、自分の土地を耕作することになった没落貴族などがいた。なかには土地を失い農奴になる者も珍しくなかった。

農村では、農作物の収穫のために1年のスケジュールが組まれていた。まず、2月末から3月にかけて吉日を選んで、鍬入れを行う。農民は信心深かったので、種をまく際には祈りの言葉を唱えたり、十字架型に種をまいたりした。

春に種をまいた穀物は7〜8月に収穫。9月には果樹園の果物を収穫した。10〜11月は秋の種まきの時期で、ぶどう酒の仕込みなども行った。12月には家畜の肉をソーセージや塩漬けに加工して、春までの食料とした。12〜1月は祭日が続く休息期間。このような形で農家の1年は過ぎていったのだ。

農民のヒエラルキア

農民の階層は、自分の土地を所有する自由農民、自らの意思で領主から土地を借り入れて生活する小作人、その下に自由に土地を離れる権限のない農奴に分かれた。

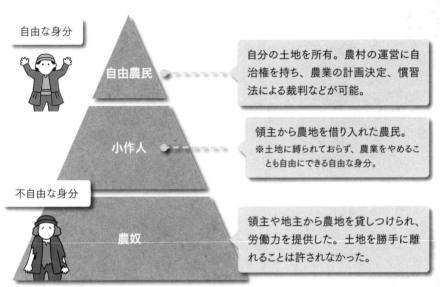

自由な身分

自由農民
自分の土地を所有。農村の運営に自治権を持ち、農業の計画決定、慣習法による裁判などが可能。

小作人
領主から農地を借り入れた農民。
※土地に縛られておらず、農業をやめることも自由にできる自由な身分。

不自由な身分

農奴
領主や地主から農地を貸しつけられ、労働力を提供した。土地を勝手に離れることは許されなかった。

農民の1年の生活

『ベリー公のいとも豪華なる時祷書』より作成

農民の生活は、春に畑を耕すところからはじまり、収穫ピークを迎える8月がもっとも多忙。その後は厳しい冬に向けてさまざまな準備をしていた。

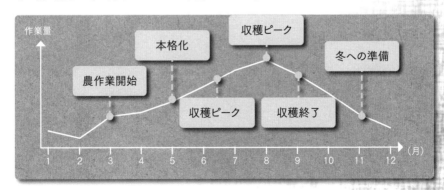

作業量

農作業開始　本格化　収穫ピーク　冬への準備
収穫ピーク　収穫終了

1 2 3 4 5 6 7 8 9 10 11 12 (月)

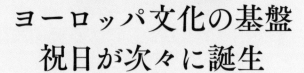

⑫ お祭り

ヨーロッパ文化の基盤 祝日が次々に誕生

農村で暮らす農民たちは常に農作業に追われていたが、
季節ごとの祝祭日には休息し、祭りを楽しんでいた。

クリスマスやイースターなど今に続く祝日

　種まきと収穫を軸として回っている農民の1年だが、そのなかには彼らに休息を与える季節ごとの祝祭日も組み込まれていた。こうした行事を創作物に盛り込めば、自然な形で季節感を演出できるはずだ。

　祝祭日は、もともとはゲルマン人やケルト人、ローマ帝国下の各文化に基づいたものだったが、それらをキリスト教が取り入れてイエスや聖人に関連づけ、現在でもキリスト教の祝祭としている。

　代表的な祝祭を順に見ていこう。1月6日の公現祭は、前年のクリスマスからはじまったイエス生誕祭の締めくくりである。農民たちにとって貴重な長い休息期間だった。

　3月21日〜4月25日の期間にあるのは、キリストの復活を祝う復活祭（イースター）。農民たちはここで春の訪れを感じた。

　5月1日は、夏のはじまりを祝う5月祭。森で採取した若木を使って5月柱を立て、その周りで踊った。

　8月上旬から10月は、収穫を祝う収穫祭の時期。収穫が終わると、領主が人々にごちそうを景気よく振る舞った。

　11月1日は万聖節。キリスト教のすべての聖人と殉教者を祝う日である。この前夜祭がハロウィンだ。

　12月25日はイエスの誕生を祝う生誕祭（クリスマス）。ここから1月6日の公現祭までが生誕祭の期間だ。

祝日誕生のきっかけ

中世になると、カトリック教会が異教である民族の祝祭をキリスト教の祝祭に融合させる。そうして現代にも続く多くの祝日が誕生した。

祝祭をカトリック教会が融合

| ローマ人 | ゲルマン人 |
| ユダヤ教徒 | ケルト人 |

＋ キリスト教

キリスト教の聖人と結びつけた

主な祝日

季節ごとの祝日では、農民も作業をやめて休むことができた。領主と豪華な食事を食べたり、宴をしたりする日もあった。

祝祭日は人々が生きる活力！

1月	**1/6 ＜公現祭＞** クリスマスからはじまるイエス生誕祭の終了。農民にとってもっとも長い休暇。
2月	**2/2 ＜聖燭祭＞** 聖母マリアの出産の祝祭。ろうそくを持って行列をつくる。
	復活祭の約7週前 ＜謝肉祭＞ 断食を前にした祝日。最終日には仮面行列が行われる。
3月 4月	**3/21~4/25 ＜復活祭＞** キリストの復活を祝う。卵を領主に献上する。
5月	**5/1 ＜5月祭＞** 5月生まれの若者が森から若木を採取し、5月柱を立てる。

6月	**6/24 ＜洗礼者ヨハネの祝日＞** 聖ヨハネの誕生日を祝う。
8月	**8月上旬～10月＜収穫祭＞** 冬に種をまいた穀物の収穫。
	8/15 ＜聖母生誕＞ 聖母マリアの被昇天を祝う。
9月	**9/29 ＜聖ミカエルの祝日＞** 大天使を称える。収穫期が終わった農村の決算期末日。
11月	**11/1 ＜万聖節＞** すべての聖人と殉教者のための祝日。かがり火を焚く。
12月	**12/25 ＜生誕祭＞** イエスの誕生を祝う。公現祭までが生誕祭の期間。

麦や豆、果物など 中世で生産していた農作物

中世は農業が大きく進化した時代だった。鉄を使った農具と、土地を効率よく活用する農法によって生産量が大きく増加したのだ。

鉄製農具と三圃制で農業が進化

当時の主要な農作物は、まずは小麦、スペルト麦、ライ麦、大麦、オーツ麦などの麦類。そしてエンドウ豆やソラ豆といった豆類である。麦と豆に次いで重要だったのが、ワイン用のブドウなどの果実だった。温暖な地中海沿岸ではオリーブも栽培された。

中世は農具と農法の改良によって、農作物が増産した時代でもあった。農具には鉄が使われるようになり、**鉄製農具はこれまで困難だった土地の開墾で大いに力を発揮した**。牛馬が引く犂も、刃が鉄製となっただけでなく、牛馬の首が締まらない肩掛け牽綱や力が分散しない縦列繋駕法も取り入れられて、牛馬の力をより効率的に使えるようになった。

農法では、三圃制による農業が浸透した。**三圃制は、農地を3分割して順番に耕作する農法である**。

それまでヨーロッパでは農地を2分割する二圃制が普及していた。二圃制では、一方の農地を作づけ地に、もう一方の農地を休耕地にして交互に耕作した。こうすることで土壌を休ませながら農作物を育てたのだ。

三圃制はこれをさらに発展させたもので、農地を3分割して、1つ目の農地では春に種をまく穀物を栽培、2つ目の農地では秋に種をまく穀物を栽培、3つ目の農地では家畜を放牧して土地を休ませた。

三圃制によって効率的な耕作が可能となり、生産量が向上した。また、農民たちが協力して作業することで組織的農業も確立されたのだった。

農法の革新

やせた土地の多いヨーロッパでは、土地を2分割して交代で休ませる農法が主流だったが、中世になり3つの土地を使って効率よく土地を休ませる三圃制が普及する。収穫効率が各段に上がると同時に、農民同士の協力が不可欠なため、結束力が強固になった。

以前の農法

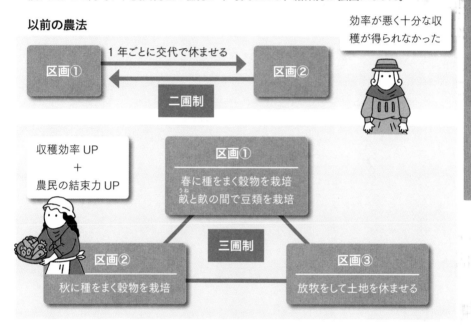

効率が悪く十分な収穫が得られなかった

1年ごとに交代で休ませる

区画①　区画②

二圃制

収穫効率 UP
＋
農民の結束力 UP

区画①
春に種をまく穀物を栽培
畝と畝の間で豆類を栽培

三圃制

区画②
秋に種をまく穀物を栽培

区画③
放牧をして土地を休ませる

農具の革新

ヨーロッパの土地は硬い場所も多く、木製の農具での開墾はかなりの重労働だった。鉄製農具の普及や牛馬の力を効率よく使う鉄製重輪犂の改良は、農民の負担を大きく軽減させた。

農具の革新でラクに土地を耕せた

鉄製農具の普及　＋　牛馬に引かせる犂の改良

農地の開墾を以前よりも簡便に行えるようになった

農村のパンは黒くて硬い ライ麦パンが主流

農業技術が進化して収穫量は増加していたが、
農民の食卓に並ぶ食事は豊かなものではなかった。

農民はパンを焼くことが許されなかった

農業が進化して収穫量が増えたものの、残念ながら農村の食事は豊かではなかった。**主食はパンだったが、都市では小麦を使った白パンを食べていたのに、農村では黒くて硬いパンを食べていた**。この黒パンの原料として使われたのは、商品価値の低いライ麦、オーツ麦、原種に近いスペルト小麦、キビといった雑穀だった。

パンは農民でなく、領主が雇ったパン職人が焼いた。税収を増やしたい領主が「パンは専用のかまどで焼くこと」と決めたので、農民は自分でパンを焼けなくなり、領主はかまどを使うパン職人から税金を徴収したのだ。

農民はかまど使用料を支払って、パン職人にパンを焼いてもらった。パンの材料と薪も農民が負担した。なるべく安く済ませたい農民は、一度にたくさんのパンを焼いてもらっていた。

そのパンを農民は長い期間をかけて食べた。硬いパンは時間が経つとしなびるので、スープに浸して柔らかくして腹に入れていた。

パンを食べるためには、お金を払って粉挽き職人に麦を挽いて粉にしてもらい、パン職人に焼いてもらう必要があったので、お金がかかった。そのため、貧しい農民はパンではなく麦を粥にして食べていたという。

パン以外の食料は、エンドウ豆やソラ豆などの豆類、キャベツ、レタス、ニンジン、カブ、ニンニクなどの野菜類など。肉も食べたが、日常的な食べ物ではなく、豆類が主要なタンパク源だった。

農民の食事

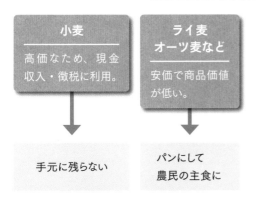

小麦

高価なため、現金収入・徴税に利用。

↓

手元に残らない

ライ麦 オーツ麦など

安価で商品価値が低い。

↓

パンにして農民の主食に

高価な小麦は領主へと渡るため、農民は商品価値の低いライ麦やオーツ麦でつくったパンを主食とした。農地で栽培する豆類も貴重な栄養源だった。

その他の食料

- 豆類
- 野菜類
  （キャベツ、ニンジン、ニンニクなど）
- 肉類（豚、羊、鶏など）

パンの入手方法

パン焼き窯は非常に高価だったため、領主は農村に複数の釜を設置してパン焼き職人を雇い、農民のパンを焼かせた。農民は節約するために、一度にまとめて依頼していた。

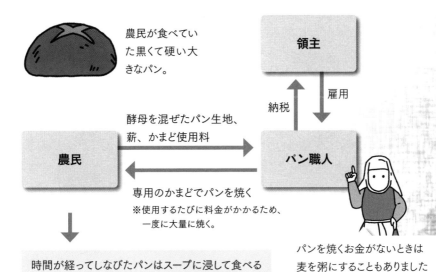

農民が食べていた黒くて硬い大きなパン。

領主

雇用 ↓　↑ 納税

酵母を混ぜたパン生地、薪、かまど使用料 →

農民　　　　　**パン職人**

← 専用のかまどでパンを焼く
※使用するたびに料金がかかるため、
　一度に大量に焼く。

↓

時間が経ってしなびたパンはスープに浸して食べる

パンを焼くお金がないときは麦を粥にすることもありました

宿屋も兼ねていた
農村の居酒屋

都会では娯楽も楽しめた居酒屋は、農村にも存在した。
村の中心に建てられた居酒屋はコミュニティの中心となっていた。

居酒屋の主人は実は領主の手先だった⁉

農村には都市と同じく居酒屋があったが、その役割は少し異なった。都市では居酒屋は娯楽のための場所だった。農村の居酒屋にも賭博などを楽しむ娯楽のための場所という意味合いがあったが、それと同時に、村のコミュニティの中心であり、旅行者も訪れる外部との窓口という側面があったのだ。

居酒屋は村の中心に建てられていて、また宿屋も兼ねていたため、建物として大きかった。**農民たちが集まって飲んだり食べたりしながら語り合うだけでなく、集会や宴会、結婚披露宴の会場にもなった。**

居酒屋の主人は富農が多く、彼らは領主に手数料を支払って営業した。居酒屋の営業には領主の許可が必要だったのだ。ただし、一部では許可を得ていない違法な居酒屋も営まれていた。

客に出す酒はビール、ワイン、ハチミツ酒など。醸造権を持たない場合、酒は領主の醸造所から買うことが多かった。

居酒屋には多くの人が訪れるので、情報も集まりやすかった。領主に不満を持つ者がいれば、その情報を居酒屋の主人は領主に報告した。また、治安に悪影響を与える旅人を宿泊させると、主人は高い罰金を支払うことに。

つまり、領主にとって都合のよいものではあるが、居酒屋は治安維持にも役立っていたのである。居酒屋の主人は領主のために働いていたので、領主は居酒屋の主人にビール醸造権を与えたり、居酒屋開設の権利を独占させたりと、優遇措置を与えることもあった。

居酒屋の敷地

農村の居酒屋は集落の中心部にあった。広大な敷地のなかには、母屋や倉庫、厩舎などがある。農民が集まる場としてだけでなく、外部の人との窓口としても重要な場所だった。

※居酒屋を上から見た図（例）

厩舎	母屋	倉庫
旅人の馬を預かる。	飲酒、集会、結婚式などに使われる場所。酒、肉、穀物、農機具などを取り扱う。旅人は宿泊することも可能。	交易商人の荷物を一時的に保管する。

庭 ｜ 菜園や小さな牧地がある。

居酒屋の営業

居酒屋は多くの人が出会う場であることから、不穏分子が生まれやすいという特徴もある。そのため領主は、店主に営業許可を与える代わりに客の様子を報告させていた。

交流に欠かせない場所です

旅の休憩地にもなりました

農民	旅人
● 宴会や賭博などの日常的な交流 ● 結婚披露宴、集会 ● 雑貨屋 ● 簡易裁判所	● 宿泊地 ● 厩舎 ● 荷物を一時的に預けられる

領主

営業許可

客の様子を報告、手数料

居酒屋の店主は資産家ばかりでした

店主

農村で暮らす働く人々

農具をつくる鍛冶屋、建物をつくる大工、家畜の世話をする牧人、粉を挽く職人、パンを焼く職人。農村には農民以外の人々も存在する。

農民だけでは農村は成り立たなかった

農村で暮らしていた人の多くは農民だったが、農民だけでは農村の生活は成り立たない。

放牧が必要な家畜は農民には扱いきれなかったので、村に雇われた牧人が家畜の世話をした。牧人は民間医療やまじないに詳しかったので異端の存在と考えられて、村に定住することは望まれていなかった。

P.84～85でも触れたが、農民がパンを食べるときに仕事を頼む粉挽きとパン屋も農村の住人だった。

農民が仕事を依頼するのは粉挽きとパン屋だけではない。**鍛冶屋も農民に頼まれて、農具の製作と修繕を行った。鍛冶屋は農具以外に刃物、鍋、蹄鉄など**もつくった。また、馬に蹄鉄を打つのも鍛冶屋の重要な仕事のひとつだ。建物を建設・修繕するときは、大工が仕事を依頼される。特殊な技術者である鍛冶屋と大工は、領主からも重要視されていた。

村の教会の司祭も、村の重要な住人だ。司祭は村人たちの相談役も務めた。

村のまわりの森には、木を焼いて木炭をつくる炭焼き、木炭を使って作業する製鉄職人、洗剤などに使う灰をつくる灰製造人、木材を切り出す木こり、ハチミツをつくる養蜂業者などがいた。

森林では貴族が娯楽として狩猟を行っており、そこには猟師や猟犬の調教師らも参加した。なお、森での狩猟は基本的に貴族にのみ許されていたが、農民によるウサギなどの害獣の狩猟は黙認されていたのが実情である。

鍛冶屋

鉄製の農具をつくる鍛冶屋は農村に不可欠だった。領主から雇われた職人で、農具の販売独占権を持っている。また農具だけでなく、日常生活に必要な道具や食器もつくっていた。

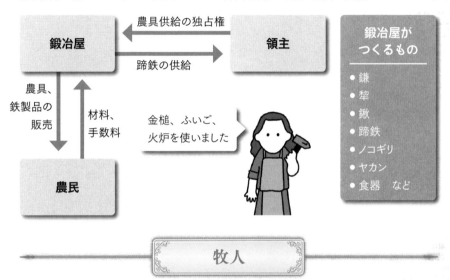

鍛冶屋 ← 農具供給の独占権 ─ 領主

鍛冶屋 ─ 蹄鉄の供給 → 領主

鍛冶屋 ↓ 農具、鉄製品の販売

農民 ↑ 材料、手数料 → 鍛冶屋

金槌、ふいご、火炉を使いました

鍛冶屋がつくるもの
- 鎌
- 犂
- 鍬
- 蹄鉄
- ノコギリ
- ヤカン
- 食器　など

牧人

牧人は農村で飼われている家畜の世話を一手に引き受けて放牧生活を送る。しかし、村人からはまじないに精通した異端者だと認識されており、さまざまな村を転々としていた。

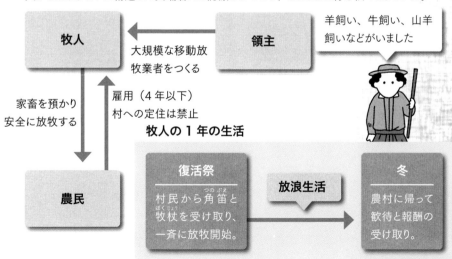

牧人 ← 大規模な移動放牧業者をつくる ─ 領主

羊飼い、牛飼い、山羊飼いなどがいました

牧人 ↓ 家畜を預かり安全に放牧する

農民 ↑ 雇用（4年以下）村への定住は禁止

牧人の1年の生活

復活祭	放浪生活	冬
村民から角笛と牧杖を受け取り、一斉に放牧開始。		農村に帰って歓待と報酬の受け取り。

森の資源を扱う職人

農村には森の資源を扱う人の存在も不可欠だった。木炭をつくる炭焼きや鉄をつくる製鉄職人など、さまざまな職人が生活していた。

木炭は重要な資源

森で暮らす

炭焼き

木材を木炭にする職人。8月〜10月に森を移動しながら生活する。

木炭 →

製鉄職人

400〜800度の低温で鉄鉱石と木炭を加熱し、製鉄する職人。

木炭

中世の森は深く、危険でもあった

- 製塩
- ガラス製造
- 陶磁器製造　など

灰の需要は高い

灰製造人

森の小枝、倒木を焼いて灰にする。
洗剤、火薬やガラスの触媒として利用。

木材をつくる
大事な仕事

木こり

樹液のかれた木を切り倒す。
※冬限定の仕事。それ以外は農業の手伝い。

養蜂専門の
集落もあった

養蜂業者

藁でつくった巣箱でミツバチを育ててハチミツを採取する。需要が非常に高かった。

当時の狩りの様子

当時は、猟師とそれをサポートする人々とで森に入り、猟犬を使うことが主だった。

狩りに携わる人々

猟師や追い込みを手伝う勢子、猟犬の調教師、さらに鷹匠や鷹狩りのエサに使う小鳥を獲る鳥刺しなどが農村に住んでいた。

主人
猟師が見つけた獲物を仕留めるかを判断し、最後のとどめを刺す。

勢子
猟師のサポート役として森のなかで獲物を追い込んだ。

鷹匠
鷹狩りが貴族の間で流行。優秀な鷹匠は引っ張りだこだった。

猟師
主人に高給で雇われる。獲物を追跡するプロフェッショナル。

調教師
猟犬を使って獲物を追い込む際に指示を出すために同行する。

鳥刺し
鷹狩りをする際に鷹のエサとして用いる、小鳥を獲る役割。

世にも恐ろしい 「人狼」は実在した!?

「人狼」という存在はただの空想ではなかった

　小説やゲームなどの人気コンテンツである人狼。その起源が、中世ヨーロッパの風習にあることをご存じでしょうか。当時ゲルマン民族は、放火や殺人などの重罪を犯した者を集落の外へと追放し、「人間狼」と呼んでいました。

　そんな人間狼がいつしか怪物「人狼」へと話がすり替わり、時代が下るとともに実在視する声も大きくなっていったのです。魔女狩りが盛んに行われたときには、何の罪もない人が人狼であると名指しされて迫害を受けることもありました。

　また中世ヨーロッパでは、自分を人狼だと思い込む精神病も見られました。これはキリスト教の禁欲的な生活や、現代よりも栄養が不足しがちであった中世という時代特有の極度のストレスが原因だったようです。こうして不安定な精神状態に陥ってしまうと、人狼のように人や家畜を襲ったり、暴れ回ったりすることもあったといいます。

　このように、人狼という怪物の存在はただの恐ろしい言い伝えではなく、実在し得る恐怖の対象として中世ヨーロッパの多くの人を翻弄したのです。

PART. 3

中世ヨーロッパ社会の
ルールと概念

中世ヨーロッパ社会は、現代とは大きく異なる概念やルールが数多くあり、人々はそれらを基盤に生活していた。本章では中世の世界観を表現するうえで欠かせない、社会のしくみを紹介する。

時間の概念は昼か夜の２種類

農業中心の中世社会では昼夜がわかれば十分。そこに細かい時間区分をもたらしたのが、鐘で日課の時を知らせるキリスト教会である。

教会の鐘の音が時報代わり

　時間の概念は古代ギリシアやローマの時代からあった。とはいえ**農業中心の社会では、日の出と日没が分かつ昼夜２つの区分さえあれば十分**。季節によって１日の長さこそ変わるが、日の出とともに仕事に出て、日没に帰宅する日常に変わりはなかったからだ。そこに、教会がより細かい時間区分をもたらした。

　中世に入ってキリスト教がヨーロッパの広い範囲に拡大していくと、各地に教会や修道院が建てられるようになる。そこでは１日のうちの決まった時刻に鐘を鳴らしていた。時の鐘である。教会では務めの時間を知らせるため鐘を鳴らす慣習があった。具体的には午前２時（朝課）、同３時（讃課）、同６時（一時課）、同９時（三時課）、正午（六時課）、午後３時（九時課）、同６時（晩課）、同９時（終課）の１日８回。これが教区における時間の基準となったのである。

　当初、時刻の目安には昼夜をそれぞれ12分割した不定時法が採られていた。そして午前６時を日の出、午後６時を日没として、夜間は砂時計や水時計、あるいはろうそくを用いて時間を計っていた。時刻は時の流れのなかの一瞬を指すが、問題は、不定時法では季節ごとに特定の時刻と時刻の間隔が一定ではなくなってしまうこと。つまり日の長い夏場は１日の時間がゆっくりと流れる半面、短い冬場は早く流れてしまうことになる。午前６時の一時課の鐘で仕事をはじめ、午後６時の晩課の鐘で帰宅するのは年中変わらないとしても、その長さは季節によってかなりの違いがあったのである。こうした状況は、14世紀に正確な機械式の時計が生まれるまで続いた。

時の鐘

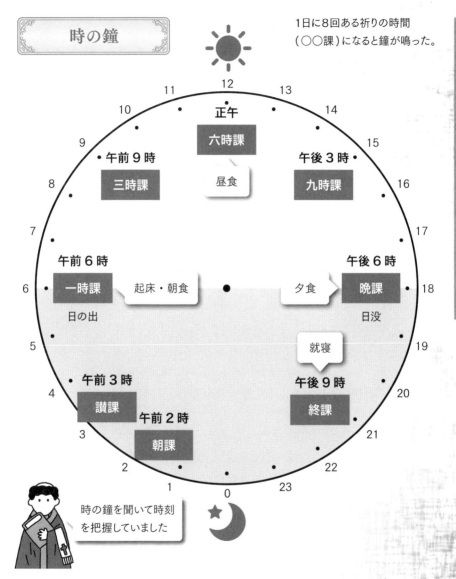

1日に8回ある祈りの時間
（○○課）になると鐘が鳴った。

正午
六時課
昼食

午前9時
三時課

午後3時
九時課

午前6時
一時課　起床・朝食

夕食

晩課
午後6時

日の出

日没

就寝

午前3時
讃課

午前2時
朝課

午後9時
終課

時の鐘を聞いて時刻
を把握していました

　聖職者には毎日決まった務めがあり、教会は鐘を鳴らすことでその務めの時間を知らせていた。この鐘の音は街中に響くため、街に住む人々はこの鐘の音を目安に生活を送った。基本的には一時課で起床・朝食、六時課で昼食、晩課で夕食、終課で就寝という生活を送っていたようである。時計がまだ普及していなかったこの時代に、教会の鐘の音は時間を知る唯一の方法だったのだ。

被疑者によって裁く人が変わる中世の裁判

中世初期はゲルマンの部族法典のもとで裁判が行われたが、
フランク王国崩壊後はコミュニティごとに異なる法律が適用された。

神意を得て判決を下す裁判もあった

中世初期に相次いで誕生したゲルマン人国家では、**各部族の慣習法を基礎としながら、ローマ法の影響を受けた「部族法典」を裁判に用いていた**。法裁判では、被疑者側が属する部族の法が適用され、裁判長ではなく判決発見人が判決を下す。このとき犯罪や不法行為に対する罰が贖罪金（罰金）によって贖われる点が特徴だ。中世初期の覇権国家フランク王国で編纂された「サリカ法典」は、ゲルマンの部族法典のなかでもっとも重要なものとされている。ローマ法と並び、近代ヨーロッパ諸国の法制度の源流になったともいわれるこの法律も、犯罪や不法行為に対する贖罪金の規定がメインとなっている。

ところが、**フランク王国崩壊後に法制度は混迷の時代を迎える**。画一的な法はなくなり、法令書も判決発見人が過去の判例をまとめたものになった。さらに、**裁判でどのような法が適用されるかは所属するコミュニティや地域によって変わる**。たとえば国家レベルの事案には国法が適用されるが、地方レベルの事案には一般法が適用される。また、農村では荘園法や慣習法、都市では商人法や都市法、宗教的事案では教会法が判断基準となった。

裁判には、殺人など重犯罪を扱う上級裁判と軽犯罪を扱う下級裁判があった。法廷における事件の立証は証人によって成され、これに対し保証人が被疑者の弁護を行った。ここで判決がまとまらないと、熱した鉄を握らせたり、水に沈めるなどして正邪を判断する神明裁判が行われる。正しければ神の加護を得られるという乱暴なものだが、13世紀にはカトリック教会により禁止された。

裁判のしくみ

裁判は証人によって事件が立証されることで起こる。被疑者が貴族なら国王が、領民なら領主が裁判官となり、被疑者を弁護する保証人の意見も聞きながら、事案に応じた法に従って判決を下す。もし判決がまとまらない場合は、正しい者には神のご加護が与えられるとする神明裁判で決着をつける。例としては、熱した鉄を持って歩き、無傷であれば罪を犯していないとした。

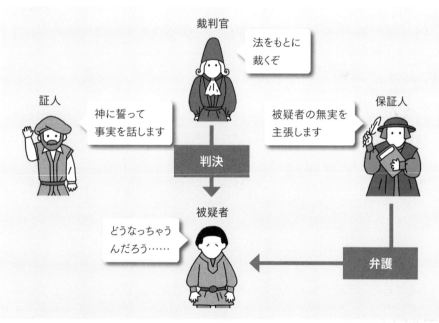

裁判官

法をもとに
裁くぞ

証人

神に誓って
事実を話します

保証人

被疑者の無実を
主張します

判決

被疑者

どうなっちゃう
んだろう……

弁護

判決が
まとまらない場合

↓

神明裁判

正しい者には
神のご加護が
与えられる

正しければ、
熱した鉄を持っても
火傷しないはずだ

熱いよ〜

※神明裁判の一例

③貨幣経済

中世のお金は
紙ではなく銀貨

中世前期は物々交換が主流だったが、カール大帝の貨幣制度改革や
地中海貿易の復興を経て、次第に貨幣経済が拡がっていった。

貨幣経済の発展がやがて銀行業も生んだ

　西ローマ帝国の衰退とともに貨幣経済も失速する。**ゲルマン人の諸国家では物々交換で取引が行われ、貨幣はものの価値の基準に過ぎなかった**。そんななか通貨制度が復活したのは、8世紀後半にフランク王国に全盛期をもたらしたカール大帝の治世である。**カール大帝は、古代ローマで使われていたデナリウス銀貨を基準にものの価値を定める、銀本位制の通貨体系を整備した**。ところが王国の分裂などもあり、貨幣鋳造権が王から地方領主や教会へと移ると、銀貨の品質は下がって通貨としての信用を失っていく。

　潮目が変わったのは11世紀のこと。**地中海貿易が復興し、農商業活動が活発化すると、商取引はもちろん日常生活でも使える安定的な貨幣の需要が高まっていった**。これを受けて12世紀半ば、地中海貿易の中心地ヴェネチアで高品質なグロス（グロッソ）銀貨が鋳造される。また、取引をより円滑に行うため、13世紀にはヴェネチア、ジェノヴァ、フィレンツェといった都市で金貨が鋳造されるようになった。

　貨幣経済が社会に浸透していく過程で新たな問題も生まれた。貨幣を大量に必要とする取引において、これをどう持ち運ぶかという難題である。**大量の貨幣は重いうえにかさむ。そして盗難の危険もある。そこで誕生したのが銀行業である**。経済が拡大して独自貨幣も増え、両替を行う業態が必要とされたこともその背景にあった。地中海貿易の拠点となったイタリアでは、為替手形を用いた信用取引が生まれ、ヨーロッパ経済はこの時期大きく発展した。

貨幣経済の発展

貨幣はものの価値の基準ではあったが、実際の取引では物々交換が基本だった。しかし、カール大帝の貨幣制度改革により、銀貨が取引に使われはじめた。といってもすぐに貨幣経済が一般化したわけではなく、銀貨が衰退したり、より使いやすい貨幣が生み出されたりしながら徐々に浸透していった。併せて両替商のような銀行業も発達し、商業の発展に貢献した。

①物々交換が基本

パンをくれ

ぶどう酒と交換ね

②貨幣制度改革

銀貨を使ってものを売買するんだ

カール大帝

③銀行業が発達

両替お願いします

はいよ！

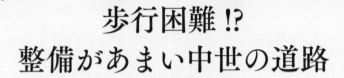

④道路整備

歩行困難⁉
整備があまい中世の道路

ローマ帝国時代に整備された街道は中世に入っても十分に
機能していたが舗装は失われ、路面の状況は劣悪だった。

当時の道路にも公道と私道があった

　軍事や物流、日常的な人の行き来など、人やものの移動に道路はつきもの。交通網の発展は商業圏や文化圏の維持拡大に不可欠なこともあり、中世ヨーロッパにおいても全土に道路網が張り巡らされていた。

　当時の道路は、管理する者と用途によって大きく2つに分かれる。王の道・街道と道・小道で、いわゆる公道と私道の違い。王の道・街道は国家や都市が管理する大きな道で、軍事や商業活動などで遠方へ向かうためのものだ。つまり現代でいう幹線道路で、管理者に経済力があれば安全性や利便性も高くなる。ひとつ難点を挙げると、**ローマ帝国時代の街道を流用したはいいが舗装はすでになくなっており、砂利と石灰を撒いただけのでこぼこした道が多かった**。

　ある程度整備された街道沿いを進んでも、徒歩での移動はやはり時間がかかり、危険も待ち受けている。RPGでプレイヤーが体験するのと同じ試練を、当時の旅人も体験していた。野盗や狼対策に護衛を雇ったり、隊商などに同道したりするのは旅の基本である。ギャップだらけの未舗装路は馬車の乗り心地も悪く、もっぱら荷物の運搬用。軽い物品は馬やロバ、ラバに積んで移動した。馬上の人となれば徒歩よりラクもできたが、金持ちや貴族の特権だった。

　村落が管理する、私道ともいえる道・小道は日常の移動に使われる。畑仕事に出かけたり、教会へ通ったりするのも、こうした道である。必要に応じて延伸・新設されるため、曲がりくねっているのが特徴だ。ただし、個人の都合で勝手に私道を設置することは禁じられていた。

王の道・街道

王の道や街道は国家や都市が管理し、街と街をつなぐ遠距離移動のためのものだった。ローマ帝国崩壊後はあまり整備されていなかったため、でこぼことしていたようである。

道・小道

道や小道と呼ばれる村にある道はその村が管理し、必要に応じて都度つくられていった。村の隙間を縫うようにつくられているため、大抵くねくねと曲がっており、道幅も街道と比べるとかなり細いものだった。

罪人が逃げ込む保護区の場所や目的とは

世俗的権力の及ばぬ聖域として考え出された保護区。
ここに逃げ込めば、罪人とされた者も正当な裁判を受けられた。

神聖にして侵すべからざる場所

中世に見られた特殊な制度に保護区（アジール）がある。罪人や奴隷が報復から逃れるために逃げ込み、保護を受ける場所のことで、いわゆる聖域のようなものだ。古代ローマの時代から存在していたが、中世に入って数が増加した。

国家の司法権、警察権が未成熟なこの時代、組織的に罪人を捕らえて裁くのは容易なことではなかった。そこで犯罪被害をこうむった者たちは私的に罪人を追い、捕らえて報復を与えるのが常だった。とはいえ、これを際限なく許せば、復讐が復讐を呼んで歯止めが利かなくなってしまう。保護区はそうしたことを防ぐために考え出された制度である。

保護区とされたのは本来、教会や修道院、森、墓地といった神聖な場所。つまり神の庇護下に入った者は不可侵な存在であり、私的制裁を加えるのは宗教的な罪という考え方である。中世に入ると街道、渡船場、水車小屋、あるいは領主の邸宅など、個人の家も保護区とされるようになった。そして保護区に逃げ込んだ者は報復を受けることなく、正当な裁判を受けることができた。

やや子どもの遊びめくが、畑の馬鍬を保護区とすることもあった。そこではパンを食べる間だけ休息が許された。この例のように保護区の加護は無制限ではない。いかに流血を避けるための緩衝地帯であったとしても制限があり、保護区となった家にいられるのは6週間と3日であった。

こうした保護区も、時代が下り、国家権力が強まって法制度の整備が進むうちに次第に消滅していった。

保護区 (アジール)

聖域（教会）

待て〜

追手

罪人

　警察という組織が未発達であった中世では、罪人への復讐や報復が横行し、またそれが公的に認められている場合も。そこで、むやみに罪人が殺されないようかくまう保護区 (アジール) が設けられた。教会や墓地、森のような聖域や、渡船場や街道といった公的施設、さらには人家や畑に置かれた馬鍬なども保護区とされ、それぞれの場所ごとに追手をしのげる時間が決まっていた。

⑥婚姻

貴族社会では男性 14 歳、女性 12 歳で結婚できる

中世の結婚では当人の意思は顧みられないことが多い。
特に貴族階級では政略結婚が当たり前だった。

カトリック教会の秘跡のひとつとなる

当時の初婚年齢は 10 代後半がほとんどだった。幼児期での死亡が多い、多産多死（高出生率かつ高死亡率）社会であったことが大きな理由としてある。そのため 5 〜 6 歳で婚約というケースも当たり前のようにあった。結婚が許される年齢も若く、男性は成人と見なされる 14 歳、女性は 12 歳だった。

当時も自由恋愛は認められてはいた。しかし、そのまま結婚というのは現実的ではなかった。本人たちの気持ちがいくら盛り上がったところで、結婚となれば話は変わってくる。**家同士の結びつきが重要視され、特に貴族階級の婚姻ともなれば、相手と同盟関係を結ぶ儀式に過ぎなかった。当人の意思より、財産や血統を重んじた政略結婚だったのである**。ゆえに子どもが生まれなければ離縁ということにもなった。

庶民も似たようなものである。重視されるのは両親の意向だった。また、農民の婚姻には領主の許可が必要とされていた。これは労働力の流出を防ぐためだが、やがて結婚税を支払えば外部との結婚が許されるようになる。

結婚は古くから人生の一大イベントには違いなかったが、**12 世紀になると世俗の行事から宗教行事へと変貌していく**。キリスト教において神の恵みとして信徒に施された儀式を秘跡というが、**結婚も洗礼や告解などと同様にこの秘跡のひとつとされたのである**。結婚の誓いも司祭の立ち会いのもとで行われるようになった。秘跡としての結婚をすると、離婚は許されない。さらには自らの信仰の遵守と、生まれた子どもの信仰教育も義務づけられた。

結婚制度

うちの子とご子息で
結婚しませんか？
同盟を結びましょう

いいでしょう
こちらにとっても
好都合です

結婚式

政略結婚

現代とは違い、強制的な結婚が当たり前だった中世。当時、結婚は恋愛の末にあるものではなく、家同士の結びつきや権力拡大のための手段だった。結婚できるのは成人になってからだが、その成人年齢は男子で14歳、女子で12歳とされていた。早い者では5～6歳で婚約し、成人となってすぐ結婚していたようである。また、結婚式は教会の司祭立ち会いのもとで行われた。

⑦税制

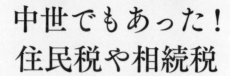

中世でもあった！
住民税や相続税

支配者層にとって今も昔も税は貴重な財源。中世も王や領主、教会に
よってあらゆるものに税が課され、民衆には大きな負担となった。

農民の確保は、税収の確保を意味した

　税は国家の財源であり、支配者層はこれをもとに国家運営を行った。同時に、権力や奢侈に満ちた生活を維持する大切な元手であったともいえる。

　領主が領民から得る税のうち、基本となるのが人頭税と地代である。人頭税は少額ではあるが、住民1人ひとりにかけられる支配被支配関係の証。11世紀後半からは、治安維持のコストとしての意味合いも持つようになった。地代は耕作地にかけられる税で、穀物や金銭で納付される。これらは領主にとって大きな収入源だったので、納入者である農民の確保がポイントだった。**そこで労働力の移動を伴う結婚や農地の譲渡には、それぞれ結婚税と保有地移転料を課した。また、死亡などにより領民が土地を相続した場合、物納や金納による相続税に加え、所有する家畜のうち最上のものを献上させる死亡税も生じた。**

　上記に加えて水車小屋やパン焼き窯、ぶどう圧縮機といった施設の使用料や、家畜を放牧する際の森林賃貸料など税の種類は枚挙にいとまがない。収穫の十分の一を教区の教会に納める十分の一税も大きな負担だった。

　都市部は都市部で、やはりさまざまな税が存在した。**十分の一税に人頭税、住民税にあたる納付金、市に参加するときの市場税、関所の通行税や流通商品にかけられる間接税などである。**ただし、都市では市政当局者も納税者となるため、税負担は軽くなる傾向があった。このように支配者層はあらゆる手立てを講じ、さまざまな名目で民衆から税を徴収していた。なにしろ税収は多いに越したことはないというのが、今も変わらぬ為政者の発想なのだから。

税制度

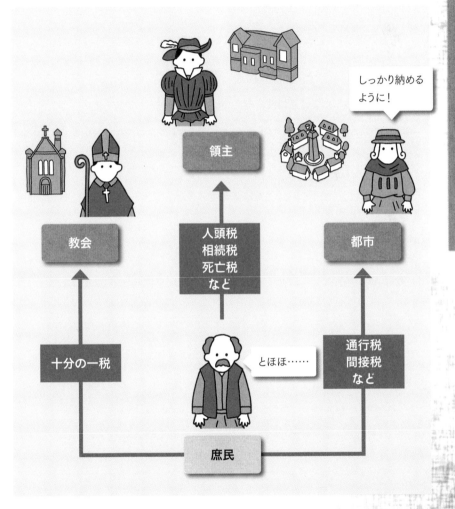

領主

教会

都市

しっかり納める
ように！

人頭税
相続税
死亡税
など

十分の一税

とほほ……

通行税
間接税
など

庶民

中世にも現代と同じように税制度が存在し、庶民はさまざまな税を納めていた。領主に対しては人頭税や相続税、施設の使用料など、教会には十分の一税を納める義務があったのだ。領主のいない都市部でも税制度は存在し、商売に関わる間接税や通行税、住民税の役割を持つ納付金などを納める必要があった。税金の支払いは、庶民にとって逃れられない務めだったのである。

⑧刑罰

罪人に課せられる中世のさまざまな刑罰

中世初期は私闘による報復が認められていたが、やがて規定が整うと、見せしめ効果の高い刑罰が衆人環視のもとで行われるようになった。

抑止効果を狙って犯罪者に苦痛を与えた

　犯罪を犯した者に課せられる刑罰。現代日本では刑法によって生命刑（死刑）、自由刑（自由を奪う懲役など）、財産刑（罰金など）の３つが定められている。いずれも古くからあるものだが、**中世期には身体に苦痛を与える身体刑があった。犯罪者の更生より、見せしめによる犯罪抑止を目的としたものである。**

　中世初期、自己の権利を侵害された者は、フェーデ（私闘）によって合法的に結着をつけることができた。ところがこれでは報復の連鎖が生じ、いいがかりによる掠奪行為を正当化することにもなる。そこでフェーデを抑制するため、12世紀初頭以降、神聖ローマ帝国はフェーデを禁じる「ラント平和令」をたびたび発した。これを機に、法のもとでの刑罰の規定が固まり、見せしめ効果を重視した死刑や身体刑が刑罰の中心となっていった。

　これらの刑罰の最大の特徴は、衆人環視のもとで行われること。広場などに観衆を集め、殺人・誘拐・姦通といった重犯罪では斬首刑が、重窃盗・強盗では絞首刑が執行される。また、放火犯や異端者には火刑、国家への反逆は四つ裂き刑もしくは車輪刑というように、犯罪の重さによって執行方法が異なる。

　身体刑は罪状を反映した方法が採られる。たとえば偽証や神への冒涜は舌を引き抜かれ、姦通した男性は去勢される。さらに傷害罪は手や足の切断、軽窃盗は指の切断、通貨偽造者は額に焼き印を押された。より軽い刑罰には鞭打ちや、罰金などもあった。当時は懲役などの自由刑はなかったため、監獄は裁判が結審するまで犯罪者を一時的に拘束する、今でいう拘置所のような施設だった。

さまざまな刑罰

火刑

車輪刑

絞首刑

斬首刑

身体の切断

　国家への反逆や殺人などの重い罪は死刑、傷害や偽証など比較的軽い罪は身体の切断、これらより軽い罪は鞭打ちや罰金に処せられた。死刑の場合、罪が重いほど絶命するまでの時間が長い残酷な刑となっており、身体の切断では、傷害罪なら手足を、偽証罪なら舌を切断し、それぞれの罪に応じた場所を切断していた。どの刑も民衆への見せしめという意味合いが強かったのだ。

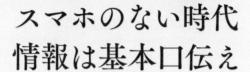

スマホのない時代 情報は基本口伝え

中世期は情報伝達の主要ツールとして羊皮紙が用いられた。とはいえ羊皮紙は高価で庶民は手を出せず、もっぱら旅人の口伝えに頼っていた。

海賊の宝を記した古地図にも使われている

　紀元前2世紀頃に中国で発明された紙が世界各地に伝播するには、かなりの時間を必要とした。**中世ヨーロッパで10世紀頃、パピルスに代わって使われるようになったのは羊皮紙だった。羊の皮を脱脂し、伸ばして乾燥させ薄いシート状にしたもので、紙と名にはあっても動物の皮である。**海賊ものに出てくる宝の地図を思い浮かべるとわかりやすいだろう。丸めて巻物のように収納していた点も同じである。手触りは皮革よりも紙に近く、耐久性に富んでいるのが利点だ。また水分が染み込みにくい性質があり、パピルスよりも彩色に優れていたため、聖書や重要な書物に使われた。その後、13世紀に紙が伝わるまで羊皮紙は筆写の材料、今でいう記録メディアとして用いられていた。

　難点は当時にしては高価だったこと。**一般の人々が情報を遠くの相手に届けたいときは、商人や旅芸人、巡礼といった旅人の口伝えに頼るしかなかった。羊皮紙を日常的に使えるのは権力者に限られ、彼らは専門の伝令を雇って目的地へ送り出していた。**伝令は教会に聖別（人や物を神聖なものとして区別すること）された使者として身柄を保障され、手出し無用とされていたが、それが通る時代でもない。そこで自衛のために槍や石弓での武装が許されていた。また専門の衣服を身にまとい、手紙を入れる壺を携えていた。

　製紙業が広まった14世紀には、庶民も手紙で遠方とやりとりするように。当時は旅の商人が郵便屋を兼ね、特に肉屋が重宝された。買いつけた肉の腐敗を避ける目的で、高速移動が可能な馬や荷車を持っていたためである。

情報伝達

情報収集もするよ

伝令

旅がてら
情報の伝達も

旅人

説法だけじゃなく
最近の話題も話します

伝道師

新鮮な肉と
手紙を届けます

肉屋

羊皮紙

　紙が広まる前のヨーロッパで使われていた羊皮紙は高価だったため、口伝での情報伝達が基本だった。位の高い者であれば羊皮紙に文言を書き、それを伝令という配達役に届けさせることも。庶民は旅人や肉屋に頼んでメッセージを伝えてもらっていたようである。また旅人はほかの地域で得た情報や町の様子なども伝え、伝道師は説法のなかに時事的な情報を盛り込むこともあった。

占いやまじないで病気を治療する中世の医療

古代の医療が中世でも主流であり続けた背景にはキリスト教的世界観があった。そんななかでも実践的な医療を行う者たちがいた。

現代医療に通じる医療法もあった

　医学の父と称される古代ギリシアのヒポクラテスと、２世紀に活躍した解剖学の祖ガレノス。中世からルネサンス期に至る長い期間、ヨーロッパの医学はこのふたりの著作や学説を基礎に成り立っていた。特に、生命には非生物にはない特殊な力があるとするガレノスの「生気論」は、カトリック教会の公認を得るまでに。キリスト教には精神が肉体を支配するという教えがあるからだ。

　９世紀には南イタリアのサレルノ、南フランスのモンペリエに医学校が誕生。ヨーロッパ医学の中心地となった。しかし教えることは依然としてガレノスの理論であり、その根底にある神学（キリスト教の真理を体系的に研究する学問）だった。技術や治療法の確立とその習得より、占星術や迷信をよりどころにした、いい方は悪いがいい加減な医療が行われていた。外科よりはるかに内科が重視され、実践的な技術より論理や経験則が優先されているのが実状だったのだ。

　一方、実践的な医療を行う者もあった。下賤とされた外科医や床屋である。彼らは治療にあたって傷をワインで洗ったり卵白で覆う。これは理に適っているだけでなく、当時としてはきわめて実践的な治療法ということができるだろう。また、焼き鏝で傷を焼く止血法や、血管を切開して血を抜く瀉血、患部を熱する焼灼法を身につけていた。

　ほかにも薬屋の一部は、怪しい秘伝の薬を売る一方、現在の医学でも通用する薬草を扱っていたし、患者の悲鳴を消すため太鼓を叩いて治療を行っていた歯医者も、広義の医療の実践者といえるだろう。

さまざまな医療

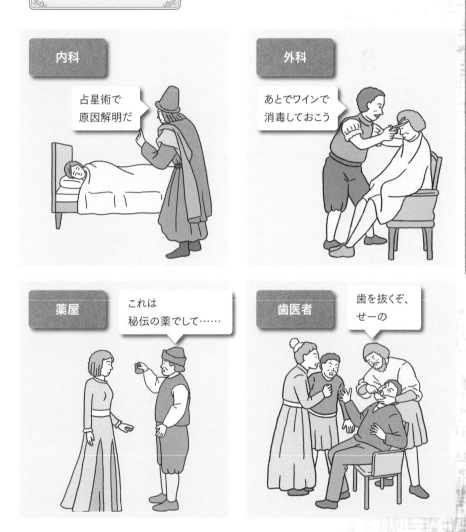

内科

占星術で
原因解明だ

外科

あとでワインで
消毒しておこう

薬屋

これは
秘伝の薬でして……

歯医者

歯を抜くぞ、
せーの

　医学がまだまだ進んでおらず、内科は占星術を用いるのが当たり前であり、外科は下の位の者の仕事とされた。神学を第一としていたため、実践的な治療よりも占いやまじないのほうが有力とされていたのである。薬屋は内科の指示で薬を処方することもあれば、怪しげな薬を売りつけることもあった。抜歯は当時、医療というより大道芸とみなされ、一種のパフォーマンスだった。

⑪病気

中世ヨーロッパで恐れられた 病気「ペスト」とは

医療の知識が未発達な中世は強力な感染症に為す術なく、
流行のたびに多くの人命が失われた。

人口の約3分の1の死者を出したペスト

　感染症のやっかいさを、現代人もコロナ禍で再認識したに違いない。しかし医療が未発達な中世にあっては、感染症への恐怖はこんなものでは済まなかったはずだ。**中世期にたびたび流行した感染症のうち最も猛威をふるったのが、14世紀のヨーロッパで「黒死病」といわれて恐れられたペストである。**ペストはペスト菌による全身性の急性感染症で、さまざまな種類があるが、中世ヨーロッパで流行を見せたのは腺ペストと肺ペストである。

　腺ペストは、主にペストに感染したネズミから吸血したノミを媒介として人に感染。リンパ節の腫れに加え、発熱・頭痛・倦怠感などといった全身性の症状が現れる。肺ペストは人肺にペスト菌が侵入することで発症。重篤な肺炎を生じ、適切な治療を行わなければ1日〜数日で死亡する。肺ペストは、咳を通じて人から人へと飛沫感染するため伝播力も高い。

　このような感染症に対し当時は治療法も確立されておらず、**14世紀のペストによる死者は、ヨーロッパだけで3000万人以上ともいわれる。これは人口の約3分の1に相当する。疫病は戦争以上に死者の出る恐ろしいものであった。**人々はペストを恐れるあまり、パンデミックを神罰による厄災と考えた。

　ペスト以外では、当時はライ病といわれたハンセン病も恐れられていた。発症すると皮膚症状や身体の変形が見られることがあるため、患者を差別する風潮が紀元前からあったからだ。そのほか、今も数年ごとに流行するインフルエンザ、1980年に根絶宣言が出た天然痘は、中世には致命的な感染症だった。

　中世ヨーロッパではペストが何度となく流行し、大変な危機に見舞われた。当時は医療技術が未発達で原因がわからず、治療法もなかったようだ。ペストに感染した患者は体中に斑点が現れ、それによって肌が黒ずみ、2〜3日ほどで死に至る。14世紀半ばのペスト流行の事情については、近代小説の先駆といわれるボッカチオの『デカメロン』（十日物語）に詳しい。

⑫災害

自然災害は神の怒り!?

自然災害とそれがもたらす疫病は人々をたびたび恐怖に陥れた。理不尽な自然の猛威を前に、中世の人々がすがったのは神だった。

どうにもできない事象は神の行いと考えた

　自然をどうこうできると思うのは思い上がり。科学が発展し、数々の知見を積み上げた現代でさえ、自然がもたらすさまざまな災害に悩まされることはしばしばある。それでも現代人は、災害につながる自然現象のメカニズムの多くを解明しているだけましといえるかもしれない。これが中世ともなると、手に負えない事象を神の御業とする傾向が強かった。

　地震であれ、洪水であれ、はっきりとした予兆もなくやってくる原因不明の破壊と混乱。その背後に、超越的存在を見てしまう心情は確かにわからないでもない。仮になんらかの兆しがあったとしても、それを遠方に知らせる手段もなければ、いざ何か起きたときの備えもない。となればそこに神意を見出して納得したくもなる。そのほうが精神的にもラクだ。

　そこにある意味つけ込んだのが教会である。**修道士たちは、洪水や山崩れなど身近な自然災害を説法に取り入れ、これを神の怒りとすることで民衆の心を掴んでいった。**実際、それで人々の傷ついた心が癒やされたことも確かだ。また教会による救済は、実質的にも生活の基盤を失った困窮者の命を救った。

　災害は疫病ももたらす。洪水や風雨災害などの水害では特に顕著で、土地が水浸しになって農作物の収穫が減り、同時に疫病を発生させた。**災害と疫病、加えて戦争もあって人口が減り、労働力が低下した結果、深刻な飢饉がやってくる。中世の人々は飢饉を「神の剣」、「破城槌」と呼んで恐れた。**そしてこれを神の試練と見なし、普段から清貧な生活を送っていざというときに備えた。

災害と宗教

人の力ではどうすることもできない災害、またそこからもたらされる飢饉。この時代、人知の及ばないことには神が関係していると考えられていた。キリスト教ではこれらを人間が犯した罪に対する「神の怒り」であると解釈し、悔い改めるよう説いた。神からの与えられた試練を乗り越えるため、人々はキリスト教の教えに則って慎ましい生活を送っていたようである。

117

中世の人の
基本的な宗教観とは

アダムとイブの楽園追放により、彼らの子孫である人間は
生まれながら罪人の宿命を負った、という考え方が広まった。

罪を犯しても赦しが得られる方法がある

キリスト教には「原罪」という考え方がある。誘惑に負けて禁断の果実を口にし、神の怒りを買って楽園を追われたアダムとイブ。その子孫である人間は生まれたときからその罪を受け継ぎ、以来、死ぬべき定めを負ったという意味だ。そんな生まれながらの罪人とされても、すっかり神性が失われたわけではない。神は死後、人間の罪を裁いて自らの楽園にふさわしいものたちを救い出す。そのために必要なのが欲望や罪と戦って勝利することだった。

この原罪という思想は布教と信徒のコントロールに大いに役立った。人々が抱く原罪への恐怖を巧みに突いたわけである。人々が教会を訪れ、自らの罪を告白するようになったのもその流れだ。一般的には告解と呼ばれる行為で、カトリックでは「赦しの秘跡」という。教会の重要な儀礼である秘跡のひとつで、これを行う聴罪司祭が教会や修道院には必ず置かれていた。洗礼後に犯した罪に赦しを授けるのが役割で、信者のみならず、聖職者にも赦しを授けた。

教会には「贖罪規定書」があり、古くから聴罪司祭の必携の書だった。12世紀以降、これに基づき罪を償える小罪と、神の掟に背く致命的な大罪に分け、その贖い方が定められた。ただしここでいう罪は法律上の罪ではなく宗教的な罪。裁きもまた精神的な裁きである。そこでは神への帰依を示すか、断食などで罪を贖うよう求められた。贖罪規定書はそのときの量刑判断に用いた。14世紀に入ると、購入することで罪が許される免罪符という概念が現れる。免罪符の売買は教会の大きな財源となったが、それだけに腐敗のもとにもなった。

告解室

司祭に自らの罪を告白し、神からの赦しをもらった。

告解の流れ

神に罪を赦された
人は幸せになれる

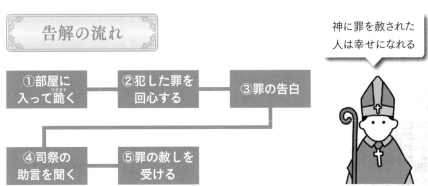

①部屋に
入って跪く

②犯した罪を
回心する

③罪の告白

④司祭の
助言を聞く

⑤罪の赦しを
受ける

　生まれながらに罪を背負っているとされる人間だが、悔い改めて神から赦しを得ることができれば死後救われるというのがキリスト教の教え。定期的に自身の罪を告白し、償うことがよしとされた。規則を破って罰を受ける場合でも、司法による罰則とは違い、一定日数パンと水だけの生活を送るといった内容だった。

人々が信じていた
天国と地獄の狭間「煉獄」

中世期に登場したカトリックの新しい概念が煉獄である。罪を犯した者にも救済が与えられる煉獄の存在は、信徒たちの心を掴んだ。

魂の行き先は天国と地獄以外にもある

煉獄という概念がある。最近は人気漫画を通じてその読み方が浸透したようだが、本来の意味を知る人はまだ少ないだろう。**カトリックでは天国と地獄の狭間にあり、そのどちらにも行けない魂が炎による苦しみを通じて罪科を清められる場所としている。**13世紀に教会公認となり、聖職者の説法や、地獄・煉獄から天国を巡るダンテの壮大な叙事詩『神曲』などを通じて人々に広まった。

キリスト教が定義した死後の世界は、もともと天国と地獄の2つだけ。つまり祝福を得るか罰を受けるかは生前の行いで決まっており、罪を犯した者が救われるすべはなかった。そこに登場したのが煉獄という概念である。**罪を犯した者はその償いとして煉獄の炎に焼かれる。それにより罪は浄化され、清められた魂は天国へ入ることができるというわけだ。**なお、煉獄にどれだけの間いるのかは、生前の行いによって決まる。

虫のいい話ではあるが、神学者たちが聖書を読み説くなかで生まれた新たな解釈として、煉獄は信者たちのニーズに合った。罪を犯した者でも救われるという事実は、常に清廉潔白ではいられない普通の人々にとって救いとなり、希望の光ともなった。同時に、どんな悪行に手を染めた者であっても、善行によって煉獄で炎の浄化を得られるということでもある。その取りなし役となったのが聖職者で、信仰を通じた教会の支配もより強まっていった。

ちなみに同じキリスト教でも、プロテスタントや正教会などほかの教派は煉獄の概念に否定的なため、世界観設定のモチーフとするときは注意が必要だ。

煉獄

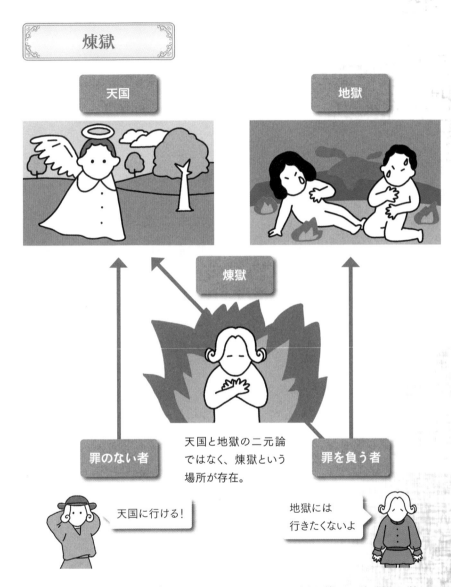

天国

地獄

煉獄

罪のない者

天国と地獄の二元論ではなく、煉獄という場所が存在。

罪を負う者

天国に行ける！

地獄には行きたくないよ

罪を犯せば地獄行きは免れないとされていたが、罪を償い、浄化し、赦しを得ることができる煉獄の存在が主張されるようになった。煉獄の炎に焼かれることで罪を背負った魂が浄化され、天国に行くことができるのだ。信徒にとって煉獄は、まさに希望の光だったといえる。この説によって教会にはさらに信徒が集まり、金銭面でも潤いがみられ、支配力を強めていくこととなった。

裁判には
動物も出廷させられた

今では考えられない動物の裁判も
当たり前に行われていた

　現代における裁判とは法をもって人が人を裁く司法制度ですが、中世ヨーロッパでは、人に限らず動物も裁判にかけられていました。当時は、たとえ動物であっても罪を犯したのであれば裁かれるべきという考え方が主流だったのです。これは、動物を人の手で裁くことで、もとは人知の及ばぬものとして恐れられていた「自然」を、人が支配するのだというキリスト教の考えに基づいたものでした。

　人間のように意図的な犯行を行わない動物を裁くというのは難しいようですが、動物には弁護士がつけられ、今でいう弁護側と検察側の意見を踏まえたうえで適当な処罰が下されました。そして裁きの結果、殺人の罪で刑に処せられる家畜もいれば、悪魔が乗り移っているとして処刑される動物もいたようです。

　畑を害したとして昆虫が裁判にかけられることもありましたが、小さく飛び回る虫を出廷させるのは至難の業。そこで、昆虫を悪魔の化身に見立て、悪魔祓いの儀式を行ったり、祈祷をしたりすることで、出廷しなくても何かしらの裁きを与えて対処していたようです。さまざまな罪にかけられる動物のなかでも、獣姦に関わった動物は特に厳しく罰せられ、火刑に処せられました。

PART. 4

中世ヨーロッパの
施設と住まい

城や教会、民家など、都市や農村には多種多様な建物が存在していたことがわかっている。本章では、よりリアルな物語を創造するために、当時の街並みを紐解いていく。

王や領主にとって
自宅兼職場である城

十字軍による軍事遠征はキリスト教世界の拡大につながる一方、
侵攻先となった中東の文化を招き入れるきっかけともなった。

中東文化の流入で城郭建築に革命が起きた

　中世における城（城砦）は、王や領主、その家臣が暮らす生活空間であるとともに重要な軍事拠点だった。領主の権力や財力による規模の違いこそあれ、塔や城門を持ち、防御のための濠や城壁に囲まれている点は共通である。

　城には時代や場所によって類型がある。中世初期によく見られたのがモット・アンド・ベイリーという形式だ。領主の居宅となる木造の天守（キープ）を備えたモット（丘）と、棒杭と堀で囲まれたベイリー（前庭）を持つ城である。

　シェル・キープは輪っか型の石造天守を備えた城。現存する例にイギリス王室の離宮ウィンザー城のラウンドタワーがある。シェル・キープは当初、１階に貯蔵庫、２階に居住区の大ホールというシンプルな構造だった。それが時代が下ると上層に領主らの寝室が設けられ、礼拝堂や図書館も置かれるように。前庭には作業場や家畜小屋などがあり、あたかもひとつの町のようでもあった。

　シェル・キープをはじめ、**中世期に築城技術が発展した背景には、十字軍運動による中東文化の流入がある**。二重城壁や、天守と城門をひとつにしたキープ・ゲートハウス（楼門）、城門につきものの跳ね橋や落とし格子（垂直に開閉する門扉）も中東の築城技術に由来したものだ。

　城砦と似た施設に王宮がある。こちらは王や皇帝が国内統治のための拠点とした場所。居所のほかに広間や礼拝堂もあり、会議や裁判、祭礼も行われていた。中央集権国家では首都に王宮があるが、中世の地方分権国家の場合は王や皇帝が巡行して指揮をとるため、国内各所に王宮があった。

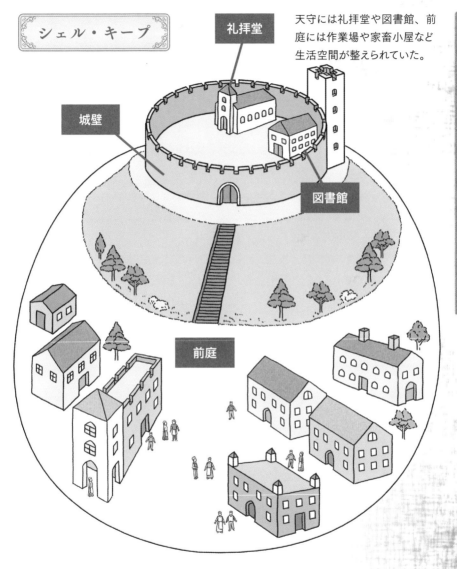

シェル・キープ

礼拝堂

城壁

図書館

前庭

天守には礼拝堂や図書館、前
庭には作業場や家畜小屋など
生活空間が整えられていた。

　十字軍の遠征によって中東文化が西欧に流入。天守と城門が合わさった構造
や二重城壁など、城の守りを強化するためにさまざまな中東の技術が取り入れ
られた。また、守りのかたい天守には、住居や礼拝堂のような主要な建築物が
建てられており、前庭には調理場や作業場、家畜小屋があった。城のなかだけ
で、十分生活できるように環境が整えられていたのだ。

時代によって様式が変化
キリスト教の象徴「聖堂」

初期のビザンツ様式にはじまり、中世盛期にはロマネスク様式、ゴシック様式と、教会施設の建築様式は時代を追うごとに変化した。

祭壇の置かれた聖堂を中心とした建物

　中世の教会の施設は規模や時代によっていささか異なる。共通するのは聖堂（礼拝堂）の存在で、同じ敷地内に司祭が住む司祭館や墓地などの施設があるのが一般的だった。また、なかには尖塔や鐘撞き堂を有する教会もあった。

　聖堂は聖職者しか入れない内陣と、信徒が集まる身廊や側廊に分かれている。内陣には祭壇と説教台が置かれ、聖杯、聖櫃、聖油器、洗礼盤などの聖具が備えられていた。また、背後には十字架やキリスト像、聖母像、聖人像が飾られている。信徒が座るベンチがないのが現代との目立つ違いだ。

　キリスト教の象徴ともいえる大規模聖堂の建築様式は、中世の間にたびたび変遷を見せている。**初期に多く見られたのが古代ギリシア・ローマ文化を受け継いだビザンツ様式。ドーム型の屋根と、内壁を飾るモザイク画が特徴だ。**トルコの首都イスタンブルのハギア・ソフィア大聖堂などがその代表例である。

　11〜12世紀頃に主流となったのが、半円アーチ構造を用いたロマネスク様式だ。天井にも石材を使い、それを支えるため壁は厚く、柱も太くなっている。ピサ大聖堂もこの様式である。12〜13世紀頃に登場したのがゴシック様式で、パリのノートルダム寺院が代表例。頭の尖った尖頭アーチ構造は、上部の石材を支えると同時に、垂直方向に視線を誘導して天国への憧れを強調する効果もある。広い窓を彩るステンドグラスもゴシック様式の大きな特徴だ。中世キリスト教会のデザインが、物語にほぼそのまま流用されることが多いのは、これら各様式に共通する荘厳な佇まいによるところが大きいだろう。

ビザンツ様式

屋内はアーチ仕様の力学が活用され、ドーム型の天井も造られた。

礼拝堂

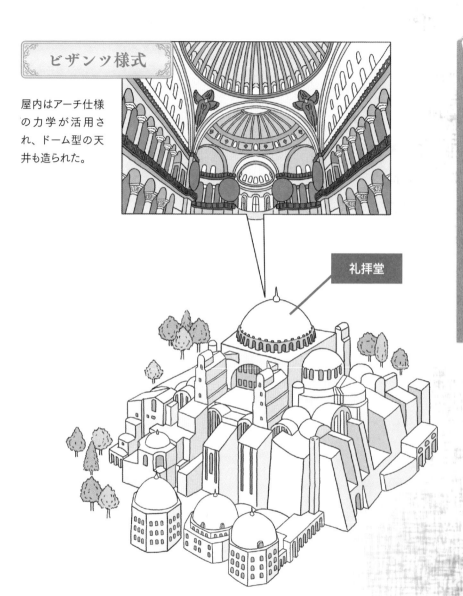

　ビザンツ様式の教会は天井がドーム型になっており、平面図にすると円形や正方形が多く見られるという特徴がある。内部はモザイク画やフレスコ画で装飾されている。教会の基本的なつくりとしては、十字架や聖母像、聖人像、祭壇、聖杯、香炉などが設置されている。キリスト教の発展とともに、ヨーロッパのみならず、ロシアや西アジアにも広まった。

中庭の回廊がポイント！
修道士たちの住まい

中世に確立された修道院建築の核となるのが中庭のまわりを
四角く廻る回廊。修道士が聖書を読み、思索や書写を行う場であった。

修道院建築の基本は9世紀に定められた

　　修道士たるものは神に清貧・貞潔・服従を誓う修道誓願を立て、俗世間との関わりを一切絶たなければならない。そんな修道士たちが禁欲的な共同生活を送る場所が修道院だ。最初の修道院は529年、カトリック教会の聖人ベネディクトゥスがイタリアに築いたモンテ・カシノ（モンテ・カッシーノ）修道院とされている。ベネディクトゥスは修道士の規範となる修道制度も合わせて制定。修道院の歴史がはじまった当初より、修道士には厳しい戒律が課せられた。

　　修道院はその施設もまた特徴的である。820年頃、スイスのザンクト・ガレン修道院で、修道院建築の基本となる手引書がつくられた。このとき中心に置かれたのが四角い中庭を列柱で取り囲んだ回廊である。**修道院は修道士たちが苦行を重ねて信仰を深める大切な場。その中心となるのがこの回廊で、修道士たちは回廊を歩きながら聖書を紐解き、宗教的思索にふけった。**宗教施設に必須の聖堂をはじめ、修道士たちが起居する独居僧坊、食堂や厨房なども回廊に接するように配置されている。

　　修道院は俗世とは隔絶された場であるため、当然、修道士たちには自給自足生活が求められる。そのための農耕地や家畜小屋が、宗教施設を囲むように配されていた。修道士たちはこのように信仰生活に最適化された場所で、4〜5時間の祈りと、農耕や書写といった労働に従事する日々を送り、信仰を深めていったのである。RPGの職業でおなじみのモンクは、厳しい修行に耐えた武闘派の僧呂を指す言葉だが、キリスト教の修道士の英名も同じくモンクだ。

修道院の様子

中庭

回廊

中庭を囲む回廊で修道士たちは
聖書を読み、思索にふけった。

　回廊は修道士たちの暮らしを語るうえで欠かせない存在。修道士たちが多くの時間を過ごす大切な場所であるだけに、しっかりとしたつくりになっていた。日の光がよく入り、風通しのよい回廊が多かったようだ。中庭の緑がすがすがしく、回廊で瞑想し、聖書を読みふける修道士にとっては長時間いても疲れない場所になっていた。

敵の襲撃に備え、城壁で囲まれた都市

古代が終わり動乱の中世を迎えたヨーロッパ。いつ来るかわからない外敵の襲撃に備えて、人々は堅固な城壁の内側に都市を発展させた。

狭い面積に建物が密集していた

ゲルマン民族の大移動をはじめとして、古代から中世初期にかけてさまざまな民族がヨーロッパへ流入してきた。そうした**異民族に加え、領土を争う敵や、あるいは野盗の襲撃から身を守ることを余儀なくされた当時の領主たち。彼らは必要に迫られ、防衛を都市設計の中心に据えることに。都市をぐるりと囲む城壁はその象徴だ**。そのため、市民の住む家や各施設は壁の内側の狭い土地に詰め込まれることとなった。

限られた範囲の土地だ。当然、人口が増えれば手狭となる。そんなときは市街地を延ばして、新たに城壁で囲むといったように面積を拡大していった。外部との出入りには城門を利用する。同時にここでは敵味方の選別も行われた。城壁には監視や、壁に取りつく敵を矢で射るための塔が築かれる場合もあった。

城壁に囲まれた都市の中心には中央広場がある。そこには司教座（司教が座る権威の象徴となる椅子）置かれた都市ではカテドラル（聖堂）、自治都市などでは市庁舎が建てられた。市庁舎には巨大な鐘楼があり、そこは集会所や避難所、牢獄の役割を担っていた。

市民の交流の場でもある中央広場からは放射状に街路が延び、街路同士が交わる場所には広場と水汲み場があった。この広場近くには教会や、施薬院や墓地を併設した修道院がある。都市生活者が暮らす家は街路沿いに集まっている。同業種で固まって暮らすことが多く、家は商店や工房を兼ねることが多かった。また、街外れには貧民や犯罪者が集まる貧民窟があった。

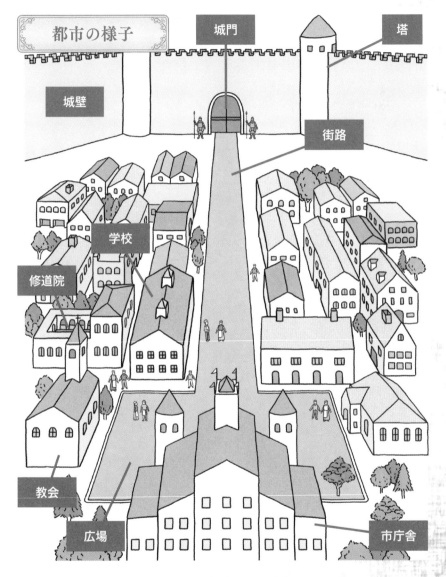

都市の様子

城門

塔

城壁

街路

学校

修道院

教会

広場

市庁舎

城壁によって守られていた中世の都市。その内部を見てみると、街の出入り口である城門を抜けた先にある街路には屋台や出店が並び、買い物客で賑わっていたようだ。中心地には市庁舎のような主要となる建物が鎮座し、広場のそばには教会、修道院のそばには学校が建てられていた。また、街から外れた場所には貧民や犯罪者が住んでいた。

3階建て以上が主流！
市民が暮らす家

城壁に囲まれた都市は住まい用の土地面積に限界があるため、
増え続ける市民を受け入れるために上へ上へと増築を重ねた。

市民の多くが職人や商人だった

　都市に住む人々の住居は、中央広場から放射状に延びる街路の周辺に建てられていた。**土地面積が限られたなかで居住空間を確保するには、上へ上へと家屋を建て増していくしかない。城壁内の市民の家屋は木造で、2〜6階建ての住居が街路に沿って建ち並んだ**。そうした家のなかには、無理な増築のせいで上層階が隣家に迫るように張り出し、道路を覆うものもあった。

　都市生活者の多くは職人や商人のため、建物1階が店や仕事場に使われるケースが多い。その場合、居住スペースは2階より上になり、道路に面した側に窓のある大きな部屋が設けられていた。ここが主人家族の居間となる。その裏に台所などがあり、扉のない開放型の炉や暖炉を置いて家屋の熱源とした。職人の家では建物上層に徒弟の部屋も用意されていた。

　こうした職人の家や商家の1階には、上下に分かれた鎧戸を持つものがある。開くと上の部分が日除けに、下が棚となって商品を並べることのできる優れもの。いわば外売り（テイクアウト）もする路面店のイメージで、これは現代にも通じるものがある。一方、富裕層の家屋も構造に大差はない。ただし石造りで裏庭や別宅を設けるケースもあって、そこはやはり庶民宅とは異なる。

　生活に必須の施設といえばトイレだが、当時は出窓式か屋外式（P.58〜59参照）。夜はおまるや尿瓶を使っていた。ちなみに、排泄物を穴から外に放り出すのが出窓式。ファンタジー作品に登場する城の壁面に、用途不明のでっぱりが描かれているのを見たことはないだろうか。あれが出窓式トイレの排出部である。

都市の建物

職人や商人が多く住む都市では仕事場と居住スペースが一体となった住居が主流だった。

居住スペース

中庭

店スペース

　中世の都市は城壁内のスペースが狭く、建物は上へ上へと増築されていった。増築部分が張り出し、下の階とずれているつくりの家屋も多かったようだ。主に1階部分は商店や工房のような商売のためのスペースであり、2階から上は居住のためのスペースとなっていた。最初設けられていた裏庭は、度重なる増築によりどんどん面積が狭まっていき、最終的に中庭になったという。

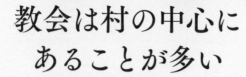

教会は村の中心に あることが多い

中世盛期になると大規模な村落が形成されはじめ、教会や領主の邸宅を中心に、さまざまな形状の農村が誕生していった。

教会は自衛のための施設を兼ねていた

　中世の農村にこれと定まった形はない。ただ、時代や地域、あるいはその成り立ちによっていくつかのパターンに分けられる。このうち城郭を中心に住宅が密集し、都市化していったものをインカステラメント（城郭都市形成）と呼ぶ。農村を城壁内に取り込んだ形状で、動乱期の10世紀頃に多く見られた。

　集村と呼ばれる大規模な村落は12世紀に誕生した。集団的農法の確立による人口増加がその背景にある。そして家屋が多数集まってきた集村は、さらにその性格によっていくつかに分類される。たとえば塊村は、家屋が不規則に密集して建ち並び、そのなかに教会などの施設が混在している形。逆に広場村は、楕円形の広場と教会を中心に家屋が集まった規則的な形状が特徴だ。この場合、耕作地は家屋群の周囲に広がっている。街道村は、その名の通り街道を中心として家屋が建ち並んだ集村。やはり共同耕作地はその周囲に置かれた。

　こうした農村には、いくつか決まった施設が存在する。教会や共同墓地、マナーハウス（領主の邸宅）などである。日本人が抱く教会のイメージは宗教施設だが、西洋ではより人々の生活に根ざした存在で、信仰の場であるとともに教育の場、集会所としての顔も併せ持っている。さらにひとつ、重要な役割を挙げるなら、外敵に襲われたときの避難所としても機能していた。

　広場村の場合、こうした重要施設は中央広場に集まっている。広場は集会場所として使われたり、家畜小屋に収まらない家畜を収容することも。村にはほかに主婦の社交場でもある井戸や水汲み場、河川近くには水車小屋もあった。

広場村

マナーハウス

教会

広場

家屋

耕作地

水車小屋

　中世の農村にはさまざまな種類がある。そのうちのひとつである広場村を取り上げると、広場を取り囲むように家屋が集まっており、周辺には耕作地が広がっていた。広場は村人たちの集会の場所であり、またここに教会も建てられていた。領主が訪れた際の宿泊所であるマナーハウスは、倉庫や災害時の避難場所としても機能した。

中世の農民たちの住居は藁や茅でできた簡素な家

中世の農民は簡素な家に住んでいた。実用重視で飾りもなく、
家財道具も必要最低限なものだけが置かれている。

貧富の差は家に表れる

**中世の農民はとても簡素な家に住んでいた。ほとんどの家屋が基礎もなく、
地面にただ柱を打ち込んだだけの簡単なつくり**。多くは長方形の平屋で、幅は
6 mから大きいものでも十数m、奥行きに至っては3 mほどしかない。

屋根は藁ぶきや茅ぶきが一般的だった。現代でも古民家などに見られる、い
ずれも植物を材料に用いた実用重視のシンプルなもの。床は土を突き固めるか、
それを粘土で覆った上にイグサを敷き詰めた。壁は小枝を編み込んだ下地に、
漆喰や泥、藁、牛糞などを混ぜた壁材を塗り固めてつくる。なかには小石など
石材を積み上げて壁とする地域もあった。扉は金属の蝶番はなく、革紐などで
固定するか、布や革をのれんのように吊して扉代わりにした。

部屋は炉のある居間と寝室の2間構成が基本だ。この頃の炉は照明と暖房を
兼ねたものだが、煙突のない開放式のため、屋根には排煙口がつくられている。
平均的な農民は、こうした粗末な家に必要最低限の家財とともに暮らしていた。
貴重品を入れる箱チェスト、鍋や杯、鉢などの食器類、椅子とテーブル、毛布
などの寝具、貴重な鉄製の農具などである。

これが裕福な農民の家では、当然豪華なつくりになる。最初に煙突を備えた
暖炉を採り入れたのもそうした富裕層だ。そうして農民の間に地位や貧富の差
が生じるようになると、敷地内に母屋と中庭のほか、倉庫や家畜小屋を置く富
農も現れた。一方で、部屋は1室のみという貧農も依然として存在した。

農村の住居

藁ぶきや茅ぶき屋根の非常に簡素な住居には、必要最低限の家財のみが置かれていた。

寝床

居間

炉

　農村の家屋の多くは、屋根が藁ぶきや茅ぶき、壁は下地に泥や藁などを混ぜた壁材を塗って固めたものだった。室内には基本的に居間と寝床があり、居間の中心に炉を置いていた。炉は薪に火をくべて暖をとったり、調理に使ったりしていたようである。寝床はイグサを敷き詰めてつくられており、かなり簡易的なつくりになっていた。

安宿から高級宿まで
多種多様の宿屋

徒歩か馬での旅が中心の中世では、宿屋は息抜きのための大事な場所。
とはいえ貧富の差に応じて、泊まれる宿は異なっていた。

宿屋を名乗るにも条件がある

目的地を目指して苛酷な旅を続ける主人公とその仲間たち。ときには彼らにも休息が必要だ。そんなとき、身を休めるために泊まるのが街道筋や街中にある大小の宿屋である。ファンタジー作品によくあるそんなシチュエーションは、中世世界のほぼ引き写しといっていいだろう。**当時は徒歩か馬での移動が中心。ヨーロッパ各地に、さまざまな階層の人々に向けた宿屋が存在していた。**

設備面が充実していたのは、やはり主要な街道や、人の多く集まる市場近くに設けられた宿である。**当時の宿には客層に応じたランクもあり、一般的な宿は2階建てが主で、1階に食堂と、厩舎や中庭もあった。**ただし、ベッドはふたり以上で共用。客室にはトイレもなかった。宿を営業するためには食堂と客室、ベッド6台以上を有し、馬10頭を繋げられることが最低条件とされていた。しかしながら実際は広間1室しかない貧しい宿も多かった。

貴族や富裕な商人などが泊まる高級宿は、3階建ての1階が厩舎と倉庫、2階が食堂、3階が客室というのが基本。チェスなどが楽しめる遊戯室のある宿もあった。こうした宿では、一般の宿が最低限の備品しか置いていないのに比べ、鍵のかかる個室にベッド、机や椅子、チェストなども完備されている。ただし、客室を利用できるのは主人だけ。従者は厩舎や納屋で休んでいた。

中世盛期以降、宿屋や居酒屋などでは、固有の屋号と看板の掲示が義務づけられるように。看板には領主の紋章や、酒場ならワイン樽などサービス内容をモチーフにしたものを用いる。その背景には識字率の低さもあったようだ。

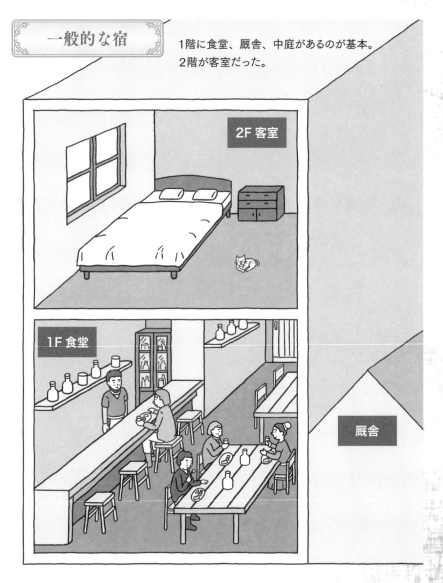

一般的な宿

1階に食堂、厩舎、中庭があるのが基本。
2階が客室だった。

2F 客室

1F 食堂

厩舎

　中世の一般的な宿は、1階が食堂で2階が客室となっており、なかには3階建てのものもあった。そばには馬を預けておく厩舎が備えられ、中庭もあったようだ。客室にはトイレがなく、最低限の設備のみが備わっており、ただ寝るための部屋だった。高級宿の場合は、主人のみが客室で滞在し、従者たちは厩舎や納屋で寝泊まりした。

封建社会から主権国家へ

中世社会を支えた封建制度は衰退していき
新たな支配体制が確立した

　中世の社会は封建制度がもととなり、騎士は諸侯に仕え、諸侯は大諸侯に仕え、大諸侯は国王に仕えるという構造になっていました。ここで重要なのが、すべての主従関係はつながっていないということ。騎士を例に挙げると、騎士が仕えているのはあくまで直接的な関係にある諸侯であり、その上にいる大諸侯には仕えていません。それぞれの主従関係が独立しているのです。そのため国王といえども大した権力はなく、諸侯たちとの差はそこまでありませんでした。

　しかし、貨幣経済が浸透したことで諸侯の力は失われていきました。諸侯の経営する荘園で働いていた領民が農作物を売って貨幣を貯え、諸侯へお金を払う代わりに自由を手に入れることができるようになり、それまでの荘園経営体制が崩れてしまったのです。そして諸侯の臣下である騎士も、火砲の登場でその役目を歩兵に取って代わられ没落。これらいくつかの要因によって封建制度が崩壊し、諸侯や騎士たちの持っていた権力が国王へと集中していきました。

　その結果生まれたのが「主権国家」です。この国家では国王が主権を持ち、絶対的な権力で民衆を支配する絶対王政という体制がとられました。さらに、国王は自身の支配の正当性を示すため、王の権利は神から授かったものであるとする王権神授説を唱えました。こうして国王が絶大な権力を誇る社会へと移っていったのです。

PART. 5

中世ヨーロッパを舞台に
物語を創作してみよう！

ここまで中世ヨーロッパを多角的に解説してきた。本章では、実際
に物語を創作する際に押さえるべきポイントや、作品のクオリティ
をぐっと上げるためのコツをプロの小説家が徹底解説。これからつ
くるあなたの作品に役立ててもらいたい。

創作活動の第一歩！
「書ける」ジャンルを分析する

読書量が多いほど物語の在り方を蓄えている

物語を創作する際、「書きたい！」という衝動的なモチベーションは大切に維持しつつ、まずは冷静沈着に頭を整理しましょう。

最初にすべきは、自分が「書ける」ジャンルを客観的かつ慎重に選ぶこと。

ひと口に中世ヨーロッパを舞台にした物語といっても、分岐するカテゴリーは実にさまざまです。中世ヨーロッパの世界観を踏襲したファンタジーなのか、現代から中世ヨーロッパへタイムリープするSF系なのか、あるいは中世ヨーロッパの史実をなぞりつつ人間ドラマを描く歴史ものなのか──。

元来、物語を書くときは、自分がもっとも好きな作品（あるいは作家）のジャンルを選ぶのが無難な手法です。なぜなら読書量が多ければ多いほど、ベーシックな物語の在り方を知見として無意識のうちに蓄えているからです。

つまり、ミステリー好きな読者ならミステリーを書きたいと思うように〝好きこそ物の上手なれ〟の実践が、物語創作のファーストステップとして自然な流れです。まずは「書きたい！」＝「書ける」ジャンルを自己分析しましょう。

中世ヨーロッパが舞台の名作は数多い

『王妃の離婚』佐藤賢一著

『路上の人』堀田善衞著

『ノストラダムスと王妃』藤本ひとみ著

王道的テーマのほうが書きやすくておすすめ

さて、「書ける」ジャンルが掴めてきたら、次はストーリーの骨子とテーマについてイメージしてみてください。

ストーリーの骨子とは、大枠での物語の出来事（イベント）を指します。

たとえば、ヒーローが強くなって侵略者から国を守るのか、そこに王女との恋愛も含まれるのか、武器は魔術や魔法まで網羅するのか、といったように。

最初から正確である必要はありません。あなたが書きたいシーンや展開、エンディングから紐づいて浮かぶアイデアを膨らませていきましょう。それが屋台骨となって物語を支えてくれます。

大枠でのイメージが固まってくれば、最重要となるテーマを決めます。

テーマとは、あなたが作品を通して読者に伝えたいメッセージ。

「正義は必ず勝つ」でもいいですし、「愛とは普遍なるもの」でも OK です。創作ビギナーなら、王道的テーマのほうが書きやすくておすすめです。

なぜテーマが最重要かといえば、ストーリーの骨子はテーマに沿って動くからです。主人公の行動原理も同様。テーマに忠実であるがゆえ説得力が生まれます。そして起承転結の「結」でテーマが成就することで、感動や共感といった、なんらかの心の動きを読者に届けられるのです。

中世ヨーロッパは現代ヨーロッパの礎となる変革期。多彩な題材や思想に満ちた時代性を読み取り、自分なりの創作の第一歩を踏み出してください。

まずはモチーフからイメージして

アイデアを膨らませよう

物語の要「プロットづくり」
起点と終点を明確に

箇条書きで文章化して登場人物リストを作成

物語のジャンル、ストーリーの骨子、そしてテーマが決まれば、より具体的な段階へと創作を進めましょう。まず、登場人物を決めていきます。大枠での流れがイメージできたということは、あなたの創造ワールドのなかに、ヒーローやヒロイン、あるいは悪役といった主要キャラ像がおぼろげに象られているはず。実際にそれらを箇条書きで文章化し、登場人物リストを作成します。

最低限必要な項目は以下の7項目。

名前、年齢、性別、役割、性格、長所（強み）、短所（弱み）。

字数はひとりにつき、7項目を網羅して200～300字くらいが目安です。

キャラクター造形についてはP.152からあらためて解説するので、ここでは詳細を省きますが、登場人物リストをつくる際、各々のキャラ特性が被らないよう、**物語における役目をきちんと差別化して定めることがポイントとなります。**

また、登場人物数はジャンルやスタイルによって異なるものの、基本は10人くらいのキャラクターを揃えれば、物語を成立させるのに十分です。

登場人物リストをつくるときに確認したい注意点

☑ 幅広い年齢層を登場させているか？

☑ 性格や役割がキャラ被りしていないか？

☑ 味のあるバディや脇役が存在するか？

プロットは物語のゴールがわかる完成予想図

続けて取り組むのはプロットづくりです。

プロットは物語創作の要。どんなに売れっ子作家であっても、大多数の創作者は最初にプロットを書いて物語の基軸を定め、全体像が見えるようにします。

いわばプロットとは、物語のゴールが明確にわかる完成予想図です。

「ストーリーとどう違うの？」と疑問に思われる方がいるかもしれません。

端的にいえば、ストーリーとは前後関係に忠実に時系列で物語を表した文章です。さらには主人公たちの心情や感情がそこに介在します。

対してプロットとは、出来事（イベント）と作用（アクション）、それらに導かれる結果のみを記し、因果関係の図式を明解に文章化したもの。主人公たちの感情的側面は書きません。

物語に取り組むとき、最初にプロットを書く意味は、〝その作品で何が起きて、どういう結末を迎えるのか〟を明らかにするためです。

いわゆる「起承転結」の「起」と「結」を明確にすることで、物語のゴールを揺るぎないものにします。例として、長編大作の『指輪物語』（ロード・オブ・ザ・リング）のプロットを私なりにまとめてみました。

> 冥王サウロンが創出した悪しき権力の指輪が存在した。指輪をめぐって多彩な種族を巻き込み、世界の命運を決する指輪戦争が勃発。ホビットのひとりが指輪の魔力に勝ち、世界を平和へと導く。

いかがでしょうか？　あらゆる感情的側面を排除し、出来事（イベント）と作用（アクション）、結果のみを書けば、とても短くまとまります。

こうしてプロットを明らかにし、いざ執筆するときはストーリーを書くわけです。**つまり、主人公たちの苦しみや哀しみや歓びを、プロットに沿って肉づけします**。物語が単調になりすぎれば、プロット上の出来事（イベント）と作用（アクション）をさらに追加し、ストーリーにメリハリを出します。

少し難しく感じられるかもしれませんが、とにかくシンプルに起点と終点を明確にしましょう。それがプロットであり、物語の核となります。

145

史実を深く読み解けば、リアルなフィクションがつくれる

基本設定を精査しなければ作品自体が破綻

　舞台設定は物語の面白さとリアリティを大きく左右します。

　書き手は舞台となる世界を慎重かつ綿密に構築し、キャラクターたちが動く環境を整備する必要があります。**当然、舞台として設定される場所・年代をこと細かに調べ上げ、十分に理解したうえで、ストーリーとの整合性を図るべきです。**とりわけ、歴史・時代小説系であれば、過去の事件や出来事を見逃すわけにはいきません。史実にそぐわない内容を書いてしまえば、読者は一気に興ざめしてしまいます。

　中世ヨーロッパといえど、西ローマ帝国の崩壊から、十字軍遠征、東ローマ帝国の崩壊まで、年代的には5〜15世紀までの長期間に及びます。しかも、エリアは広大です。なにしろユーラシア大陸北西の半島部を包括しているわけですから。場所が違うと生活様式はもちろん、気候風土まで激変します。時代と場所——舞台となる基本設定を精査しなければ、苦労してつくり上げた登場人物たちやプロットが無駄になり、作品自体が破綻してしまいます。

舞台設定を決める際、まず調べるべき三大項目

① 平均気温や一般的な気候・天候の特徴
② 方言などを含めた言葉づかいやスラング
③ 特殊な生活習慣や独自の文化があるか否か

時代背景や文化の知見を深めて外堀を埋める

　大前提として、物語はフィクションです。

　この基本的な事実を重々承知のうえ、読者は作品に向き合うわけですが、いざ物語を読みはじめると、そこに書いてある内容を現実のものとして捉え、理解しようという心理が働きます。これは小説のみならず、映画やTVドラマ、漫画やアニメでも同様です。不思議な現象ではありますが、**人はフィクションの物語に、現実世界のルールや法則を当てはめて鑑賞する傾向があります。**つまり作中にあからさまな嘘があれば、前述の通りその時点で心を離し、読者は物語に戻ってきてくれません。では、書き手はどうすればよいのでしょうか？

　答えは簡単です。フィクションであっても、嘘だと思われない究極のリアリティを追求すればよいのです。そのためには徹底的に下調べして取材し、とにかく書こうとする題材を熟知する必要があります。

　中世ヨーロッパを舞台とするなら、専門家に近づくレベルで時代背景や文化の知見を深め、物語設定の外堀を埋めるべきです。さらには読者を唸らせる現実の事件や出来事も織り交ぜ、博学を披露するのもポイント。**そして迎えたラストでは、エンディングを感動的に盛り上げる〝リアルな嘘〟をつきましょう。**

　事実に基づいた文章を序盤からしっかり書き上げていればこそ許される嘘とは、「面白い」嘘でもあり、書き手の真摯な姿勢が伝わって認められるもの。

　フィクションを創作する醍醐味は、ここに極まれりといえるでしょう。

事実を積み重ねたからこそ効果ある
〝リアルな嘘〟でエンディングを

事実	事実	事実	事実	嘘
1章	2章	3章	4章	最終章

王族や騎士ではない
市民も物語のアクセントに

封建制度の上位層だけでは不十分

　中世ヨーロッパを舞台にした物語といえば、王位継承をめぐる争乱や領土奪還の聖戦、大航海時代に向けた冒険劇のような、壮大なストーリーを書きたいと考える方が多いのではないでしょうか。

　確かに題材としては、日本の戦国時代と同様に「おいしいネタ」が揃っています。**ファンタジーであれ、バトルアクションであれ、人間ドラマであれ、創作アイデアの素材は山ほどあり、まさに波乱万丈の展開を地で行く史実が散見されます**。当然のようにまず思いつく人物設定といえば、圧倒的な経済力を有する領主、巨大権力を持つ聖職者、戦いに明け暮れる屈強な騎士、囚われの身となった美しい王妃、といったところでしょうか。

　中世ヨーロッパにおける、どの時代のどの国を切り抜いても、おおむねそのような鉄板テンプレの相関図を頭に描きがちです。

　それはそれで間違いではない、王道路線です。**とはいえ、封建制度の上位層の人々だけで物語を書いてしまえば、不完全な作品となってしまいます。**

中世ヨーロッパの封建制度を形成した人々

〝聖職者／領主・騎士／農民・都市住民（商人、職人）〟で形成される。封建領主は国王や諸侯、騎士などで構成され、一部の高位聖職者は領主として農民を支配した。

物語性のグレードを向上させる効果的なスパイスに

　古今東西、国を成立させるのは、下位層にあたる、いわゆる市民です。そして、農民、職人、商人といった、普通の人々が国民の大多数を占め、上位層にこき使われて搾取される構図は変わりません。本書でも PART.2 で解説してありますが、**これら市民の暮らしぶりや職業、はたまた圧政に喘（あえ）ぐ日々を如実に描くことは、作品に奥行を与え、物語性のグレードを向上させる効果的なスパイスになります**。なぜなら、領主や聖職者や騎士や王妃だけでは、国の経済も政治も成り立たず、物語のリアリティが欠落してしまうからです。

　一方、善悪に分かれた戦争を描く際、最前線で槍や刀を持って戦う歩兵の多くが市民で構成されている現実を忘れてはなりません。ここで深掘りするなら、歩兵のなかに勇猛で戦闘能力の優れた猛者がひとりくらいはいるべきで、そのキャラクターがヒーローを窮地から救うシーンがあってもいいでしょう。となれば、市民の暮らしぶりや文化を描く必然性が生まれます。普段はどんな服を着て、何を食べて、どのような仕事をして家族で生きているのか——。一見すると本筋とは無関係に思える、**このようなサイドストーリーをきちんと描き通すひと手間は、いわば書き手の「良心」であり、時代背景のバックボーンを綿密に書き上げてこそ、メインストーリーが生き生きと映えるもの**。

　歴史の一部をモチーフとして物語を書くことは、そこに息づいたあらゆる層の人々のリアルライフを描くことだと捉えましょう。

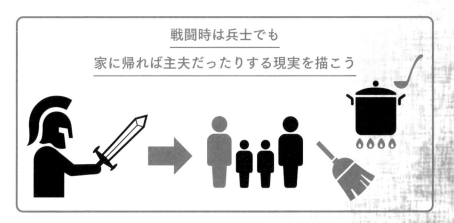

戦闘時は兵士でも
家に帰れば主夫だったりする現実を描こう

創作 FILE.⑤

中世の作品で要注意！物語とキリスト教の関係性

社会階級の頂点から浸透したカトリック教会

本書を読まれていれば、もうおわかりかと思います。

中世ヨーロッパの世界観で物語を創作する際、絶対に外せない存在として、キリスト教があります。キリスト教には、カトリック、プロテスタント、正教会などの種類があり、冒頭で解説したように、中世ヨーロッパではローマ教皇がトップとして君臨するローマ・カトリック教会が甚大な力を誇っていました。

そもそもローマ・カトリック教会が中世ヨーロッパを席巻して広まった理由は、布教のターゲットを権力者たち、すなわち支配層に狙い定めたからです。

社会階級の頂点に立つ人々を改宗させることがもっと効率的だと睨んだ、宣教者によるこの布教アプローチは見事成功を収めます。

さらには王や領主といった支配層がキリスト教徒となったため、カトリック教会の組織制度が社会に浸透し、影響力は拡大の一途を辿りました。結果、西洋社会において精神的および文化的な基盤として確立されることとなります。

こうした社会背景を十分理解したうえで創作に反映しましょう。

知っておくべきローマ・カトリック教会の基礎知識

- ☑ 4世紀にローマ帝国の国教となって地中海世界に広まる
- ☑ 8世紀にフランク王国と結びついてヨーロッパに定着
- ☑ 13世紀まで皇帝より優位に立って教皇権は全盛期を迎えた

十字軍の遠征は肥大化した教皇権のなせる業

PART.1では、聖職者の位階制度で最高位にあたる教皇、大司教や司教、修道院長が、俗世の政治や行政でも莫大な力を持つ存在だと解説しました。教皇に至っては、皇帝や国王と権力を争うほどの影響力を有していました。

つまり、物語に登場する権力側の登場人物の多くはキリスト教徒であるため、キャラの思想や言動や世界観に宗教色を色濃く匂わせるべきです。

でなければ、中世ヨーロッパを舞台とした物語性の本質が損なわれてしまうでしょう。というのも、当時のキリスト教は国を挙げて軍事行動を起こすほどの圧倒的な権限があったからです。この事実に触れないわけにはいきません。

もっとも有名なのが十字軍運動です。聖地イェルサレムをイスラーム世界から奪還するため、約200年にも及んだこの戦いこそ、肥大化した教皇権のなせる業でした。中世ヨーロッパにおいては、歴史上のあらゆる出来事に、なんらかの形でキリスト教をはじめとする宗教が関与しています。

そして、私たち日本人からすれば理解しにくい部分があるかもしれませんが、当時の王族や貴族、騎士の行動原理にも、少なからずキリスト教との関係性が見え隠れします。

宗教観まで深掘りしたキャラクター造形と物語相関図を組み立ててストーリーを構成すれば、中世ヨーロッパの物語世界がさらに奥深くリアルなものに仕上がります。史実と向き合いながら、ぜひ意識してみてください。

当時、キリスト教に起因する戦争や諍い（いさか）は絶えなかった

「王道」パターンで キャラの魅力をアピール

期待と願望に応える展開でエンディングを

　P.148 で人物設定の鉄板テンプレについて触れました。圧倒的な経済力を有する領主、巨大権力を持つ聖職者、戦いに明け暮れる屈強な騎士、囚われの身となった美しい王妃、という相関図の大枠です。どこかで読んだことのあるような登場人物の組み合わせだと思われた方はきっと多いはずです。

　しばしば誤解されがちですが、物語創作において「王道」は悪いことではありません。**むしろ、面白い物語をつくろうとすれば「王道」は避けて通れない、正攻法だと捉えてください**。古今東西、大ヒットした映画でも小説でもアニメでも、すべての人気作品は「王道」のつくり方を踏襲しているのです。

　「王道」とは、読み手の期待と願望に応える展開でエンディングを迎えること。**そして「王道」は、予想と寸分違わずに終わる「ベタ」や定型通りに進む「お約束」とは根本的な意味合いが異なります**。『こうなってほしい』という読み手の願望を裏切らない、感動とカタルシスを与える「王道」の展開は、ある種、理想的な物語の在り方といえます。

知っておきたい「王道」パターンの豆知識

- どんなヒット作もベースのストーリーは同じパターン
- 物語の骨組み段階でオリジナリティを考える必要はない
- どのヒット作の「王道」展開に自分の物語が属するかを知る

固有の感情と性格の傾向を植えつける

　前述の通り、中世ヨーロッパの封建制度は、教皇をトップとして、大司教・司教・司祭・修道院長といった聖職者、次に貴族・騎士、そして最下層が商人・職人・農民という身分で形成されています。「王道」に倣って物語を創作するなら、このヒエラルキーを利用しない手はありません。とはいえ、身分の違いだけを物語上で際立たせて人物描写しても、魅力的なキャラクター造形の実現には程遠いでしょう。

　では、どうすれば読み手を惹きつけられるキャラクターを書けるのか？

　答えは簡単です。全登場人物に固有の感情と性格の傾向を植えつけ、個性を強烈にアピールすることです。たとえば、圧倒的経済力を有する領主の場合、類まれなる強欲さを備え、金のためならどんな悪行も厭わない。巨大権力を持つ聖職者の場合、一見すると博愛主義に見えるも、腹の底では人を人と思わない残忍な性格で、激しい憎悪の炎を燃やしている。戦いに明け暮れる屈強な騎士の場合、寡黙ながらも深い哀しみを胸中に抱き、復讐のために剣を持つ。

　いかがですか？　このように固有の感情と性格の傾向を植えつけて造形すれば、キャラ像の印象がぐっと深まり、読み手にインパクトを与えられます。

　さらには深層心理や過去に起因する激情を深掘りし「なぜそのように生きるのか」という行動原理を明らかにしていけば、いっそう物語が面白くなります。

　そういう描写は「王道」的創作手法のひとつでもあります。

時代劇にも読み手を惹きつける「王道」パターンが存在する

おぬしもなかなかの
悪よのう

いえいえ、
お代官様には
かないませぬ

創作 FILE.⑦

敬称をセリフに加えれば
キャラの関係性がよくわかる

「読みやすく、面白い」物語を完成させるには？

　本章も最後となりました。ここでは物語創作においてもっとも重要かつ基本的なポイントについていくつか解説します。

　まず念頭に置くべきは〝読者目線〟です。完成した物語は、自分以外の第3者が読んではじめて、作品として産声を上げるといっていいでしょう。

　当然、読者にとって「読みやすく、面白い」物語を完成させるべきです。

　一方で、中世ヨーロッパを舞台とする歴史・時代系の物語の場合、往々にして犯しやすいミスがあります。**それは説明文だらけになること**。時代背景や設定を明らかにする解説は最低限必要ではあるものの、その説明ばかりに終始すると歴史の専門書のような体裁になってしまいます。**特に身分制度が存在する世界観だと、関係性をダラダラと説明してしまいがちです**。あなたが読者なら、歴史の解説に終始する物語を読みたいですか？　答えは NO ですね。

　そうならないために、**敬称を上手に使うことを意識してください**。その人物が王族なのか貴族なのか、どれくらいの地位にいるのかを端的に表せます。

創作において書き手が心がけるべき3大ポイント

① 博識の披露を避けて解説は最小限に
② 敬称を活かしてキャラの立ち位置を表現
③ 読者側の視点に立ち作品と向き合う

俯瞰した読者目線で作品の精度が向上

　会話文の比重にも留意すべきです。見開きページで会話文が半分近くを占めれば、読者は「読みやすい」印象を受けます。改行すらなく文字がぎっしり詰まった紙面にならないよう注意しましょう。

　そして、「読者が物語に何を求め、期待するのか？」という見地を、書き手が常に意識することも大切です。

　どんな作品のジャンルでも、読者が物語に求めて期待するのは、〝人間ドラマ〟以外にありません。作中に生きるキャラクターたちの悲喜こもごもの出来事に、読者は自身を投影し、共感や感動といった心の動きで如実に反応します。そうして心を揺さぶられれば「面白い」物語として高い評価を与えます。

　中世ヨーロッパを舞台としても、この読者目線の摂理はなんら変わりありません。その時代のその国に生きる登場人物たちの躍動や苦境、逆転勝利に一喜一憂しながらページをめくります。

　このように俯瞰した読者目線を書き手が備えていれば、大筋の構成から細部に至るまで、描写アプローチが変わってきます。どのようにキャラクターを動かして展開を進めれば読者の心を鷲掴（わしづか）みにできるか、という観点での執筆が可能になるため、いわずもがな「面白い」物語として作品の精度が向上します。

　書き手の繊細な配慮が多角的に施されてこそ良作が生み出せる現実を、どうか胸に留めておいてください。

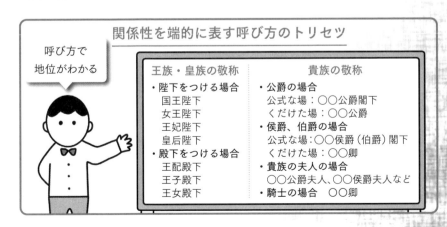

関係性を端的に表す呼び方のトリセツ

呼び方で地位がわかる

王族・皇族の敬称	貴族の敬称
・陛下をつける場合 　国王陛下 　女王陛下 　王妃陛下 　皇后陛下 ・殿下をつける場合 　王配殿下 　王子殿下 　王女殿下	・公爵の場合 　公式な場：○○公爵閣下 　くだけた場：○○公爵 ・侯爵、伯爵の場合 　公式な場：○○侯爵（伯爵）閣下 　くだけた場：○○卿 ・貴族の夫人の場合 　○○公爵夫人、○○侯爵夫人など ・騎士の場合　○○卿

西暦	出来事
375年	**ゲルマン民族の大移動** アジア系民族のフン族が西進し、ゲルマン民族が押し出される形でヨーロッパ各地に流入する。
395年	**ローマ帝国が東西に分裂** テオドシウス帝の死去により、西ローマ帝国と東ローマ帝国（ビザンツ帝国）に分かれる。
476年	**西ローマ帝国が滅亡** ゲルマン民族の流入に歯止めがかからず、西ローマ帝国が崩壊。
493年	**東ゴート王国の建国** 現在のイタリアにゲルマン系東ゴート人が建国。
496年	**フランク王国のカトリック改宗** クローヴィスがカトリックのアタナシウス派に改宗。王国はローマ教会の支持を得る。
496年	**フランク王国のカトリック改宗** クローヴィスがカトリックのアタナシウス派に改宗。王国はローマ教会の支持を得る。
568年	**ランゴバルド王国の建国** 東ゴート王国の滅亡後、ゲルマン系ランゴバルド族が建国。独自の文化を発展させる。
8世紀〜	**レーエン制の成立** 土地を媒介とした主従関係を結ぶ封建制度が普及しはじめる。
732年	**トゥール・ポワティエ間の戦い** 北アフリカからイベリア半島に侵入したイスラーム勢力と、フランク王国の戦い。後者が勝利。

ピピンの寄進

756年 　フランク王国ピピンがラヴェンナ地方をローマ教皇に寄進。教皇領が誕生する。

カールの戴冠

800年 　フランク王カールが教皇から「ローマ帝国皇帝」の冠を戴く。皇帝の称号の復活。

ヴェルダン条約

843年 　フランク王国が西部・中部・東部に3分割される。

メルセン条約

870年 　ヴェルダン条約で設定された領土を改めて画定する。現在の仏・独・伊の基盤となる。

三圃式農業の普及

10世紀〜 　耕作地を3つに分け、3年周期で土地を交代で休ませる農法が確立。収穫量が格段に向上した。

神聖ローマ帝国の成立

962年 　オットー1世が教皇に「ローマ帝国の正式な継承者」と認められる（オットー1世の戴冠）。

東西教会の分裂

1054年 　西方のローマカトリック教会と東方のギリシア正教会が、互いを破門する形で分裂。

カノッサの屈辱

1077年 　聖職叙任権をめぐって教皇と対立していた神聖ローマ皇帝が、教皇の権威の前にひれ伏した事件。

十字軍

1095年 　教皇ウルバヌス2世が、クレルモン宗教会議（公会議）で十字軍運動を布告する。

第1回十字軍

1096年 　イスラーム勢力からの聖地イェルサレム奪還を目指す。約40万人が参加し、目的を達成。

聖ヨハネ騎士団の設立

1113年 　医療行為を行う修道院として1070年代から活動し、独立の修道会として公認される。

1122年	**ヴォルムス協約** 聖職叙任権は教皇が持つことを決定。叙任権闘争が終結する。
1128年	**テンプル騎士団の設立** キリスト教徒の巡礼路を護衛する目的で1118年に創設され、ローマ教皇直属の修道会として公認。
1147年	**第2回十字軍** 十字軍はダマスクスを攻撃したものの、参加者の目的の不一致によって失敗。
1189年	**第3回十字軍** イギリス王リチャード1世を筆頭に遠征したものの、聖地奪還は失敗に終わる。
1198年	**ドイツ騎士団の設立** 第3回十字軍遠征の際に病院として1190年に創設され、宗教騎士団として承認される。
1198年	**インノケンティウス3世の教皇就任** 教皇の権力が最盛期を迎える。
13世紀〜	**ハンザ同盟の発足** 北海・バルト海貿易に従事する北ドイツ諸都市を中心に都市同盟が発足。
1204年	**第4回十字軍** 十字軍がコンスタンティノープルを占領し、ラテン帝国を建国。
1228年	**第6回十字軍** 戦闘をほとんど行わず、交渉によってイェルサレム奪還に成功する。
1241年	**ワールシュタットの戦い** モンゴル帝国のヨーロッパ遠征軍が、ポーランド王国やドイツ騎士団らと交戦する。
1303年	**アナーニ事件** フランス王がローマ教皇を軟禁して退位を迫り、教皇が憤死。教皇の権威失墜が露呈する。

1309年

教皇のバビロン捕囚

教皇庁がアヴィニョンに移され、ローマ教皇がローマを離れることになる。以後69年間、この状況が続く。

1339年

百年戦争開始

イギリスとフランスが王位継承権と領地をめぐって争った戦争。1453年にフランスが勝利して終戦。

1347年

黒死病（ペスト）の流行がはじまる

げっ歯類やノミを介した感染症であるペストが流行しはじめる。

1378年

教会大分裂

ローマとアヴィニョンにそれぞれ教皇が立ちカトリック教会が分裂。1417年に統一されるまで続く。

1381年

ワット・タイラーの乱

イギリスの農民が、過剰な徴税やペスト流行の社会的緊張などに対して不満を爆発させる。

1431年

ジャンヌ・ダルク裁判

百年戦争で活躍したジャンヌ・ダルクが異端審問にかけられ、火刑に処される。

1453年

東ローマ（ビザンツ）帝国滅亡・百年戦争終結

オスマン帝国がコンスタンティノープルを占領し、東ローマ帝国は滅亡。フランスが百年戦争に勝利。

監修 **祝田秀全**（PART.1〜PART.4）

東京都出身。歴史学専攻。世界史研究者。東京外国語大学アジア・アフリカ言語文化研究所研究員を経て、聖心女子大学文学部講師となる。子ども向け、大学生・社会人向けに書かれた世界史にまつわる書籍が多い。主な著書に『銀の世界史』（筑摩書房）、『東大生が身につけている教養としての世界史』（河出書房新社）、『近代建築で読み解く日本』（祥伝社）、『2時間でおさらいできる世界史』（大和書房）、『歴史が面白くなる東大のディープな世界史1・2』（KADOKAWA/中経出版）など多数。1960年代の社会的流行現象の研究、喫茶店めぐり、写真撮影など、趣味も豊富に持っている。

監修 **秀島 迅**（PART.5）

青山学院大学経済学部卒。2015年、応募総数日本一の電撃小説大賞（KADOKAWA）から選出され、『さよなら、君のいない海』で単行本デビュー。小説家として文芸誌に執筆活動をしながら、芸能人や著名人のインタビュー、著述書、自伝などの執筆も行っている。近著に長編青春小説『その一秒先を信じて シロの篇/アカの篇』二作同時発売（講談社）、『クリエイターのための物語創作ノート』（日本文芸社）などがある。また、コピーライターや映像作家としての顔を持ち、企業CM制作のシナリオライティングなど、現在も月10本以上手掛けている。

参考文献

『中世ヨーロッパ 騎士道の作法』（祝田秀全 監修／G.B.）、『新版 ヨーロッパの中世』（神崎忠昭 著／慶應義塾大学出版会）、『図解 中世の生活』（池上正太 著／新紀元社）、『図説 中世ヨーロッパの暮らし』（河原温、堀越宏一 著／河出書房新社）、『「知」のビジュアル百科 25 中世ヨーロッパ入門』（アンドリュー・ラングリー 著、池上俊一 日本語版監修／あすなろ書房）、『中世実在職業解説本 十三世紀のハローワーク』（グレゴリウス山田 著／一迅社）、『中世世界の創作事典』（榎本秋 編集、諸星崇、榎本海月、榎本事務所 著／秀和システム）、『中世の饗宴』マドレーヌ・P・コズマン 著、加藤恭子、平野加代子 訳／原書房）、『中世の食生活 断食と宴』ブリジット・アン・ヘニッシュ 著、藤原保明 訳／法政大学出版局）、『中世ヨーロッパ生活誌』ロベール・ドロール 著、桐村泰次 訳／論創社）、『中世ヨーロッパの結婚と家族』ジョゼフ・ギース、フランシス・ギース 著、栗原泉 訳／講談社）、『《世界史リブレット》 023.中世ヨーロッパの都市世界』河原温 著／山川出版社）、『中世を旅する人びと ヨーロッパ庶民生活点描』阿部勤也 著／筑摩書房）、『ビジュアル図鑑 中世ヨーロッパ』新星出版社編集部 編／新星出版社）、『本当にヤバい 中世ヨーロッパの暗黒時代』（歴史ミステリー研究会 編／彩図社）

中世ヨーロッパの世界観がよくわかる

クリエイターのための階級と暮らし事典

2023年11月1日 第1刷発行

監修者 祝田秀全 秀島 迅
発行者 吉田芳史
印刷所 株式会社文化カラー印刷
製本所 大口製本印刷株式会社
発行所 株式会社日本文芸社
〒100-0003 東京都千代田区一ツ橋1-1-1 パレスサイドビル8F
TEL. 03-5224-6460(代表)
内容に関するお問い合わせは、小社ウェブサイトお問い合わせフォームまでお願いいたします。
URL https://www.nihonbungeisha.co.jp/

Printed in Japan 112231019-112231019 Ⓝ 01 (201110)
ISBN978-4-537-22148-0
©NIHONBUNGEISHA 2023
編集担当：藤澤

乱丁・落丁などの不良品がありましたら、小社製作部宛にお送りください。送料小社負担にてお取り替えいたします。
法律で認められた場合を除いて、本書からの複写・転載（電子化を含む）は禁じられています。また、代行業者等の第三者による電子データ化および電子書籍化は、いかなる場合も認められていません。